RONALDO NEGROMONTE

ESTRATÉGIAS DE SOBREVIVÊNCIA NO MUNDO DO TRABALHO

10 dicas para você vender o seu peixe

RONALDO NEGROMONTE

ESTRATÉGIAS DE SOBREVIVÊNCIA NO MUNDO DO TRABALHO

10 dicas para você vender o seu peixe

Belo Horizonte
ArteSã
2012

Editoração Gráfica:
Andréa Esteves

Revisão:
Antonio Carlos Santini

Revisão Final e Capa:
Ronaldo Negromonte

CONTATOS COM O AUTOR:
negromonte.lima@bol.com.br
blogdonegromonte.blogspot.com.br

PEDIDOS:
Editora Artesã
www.artesaeditora.com.br
contato@artesaeditora.com.br

FICHA CATALOGRÁFICA

Negromonte, Ronaldo
N393e Estratégias de sobrevivência no mundo do trabalho : 10 dicas para você vender seu peixe / Ronaldo Negromonte . – Belo Horizonte : Editora Artesã, 2012.
208 p.

1.Administração. 2.Recursos humanos. I.Título.

CDU 658.3

Elaborada por Rinaldo de Moura Faria - CRB6 nº 1006

Sumário

Minha mais profunda gratidão
a todos aqueles que confiaram em mim,
que me estenderam sua mão,
que me deram uma oportunidade,
que caminharam ao meu lado
algum trecho desse longo caminho
e especialmente àqueles que souberam manter
intacto o sagrado sentimento
da amizade que um dia me dedicaram.

O GRANDE AQUÁRIO

"O maior mérito de um profissional é dedicar
a uma empresa seu talento
seu conhecimento e seu tempo.
E o maior pecado é não encontrar tempo
para dedicar a si mesmo".

Max Gehringer

No aquário à minha frente, peixes de variadas cores nadavam para lá e para cá, com aquela calma característica de quem não tem mais nada para fazer além daquilo. A visão desses ambientes cheios de vida, colocados à mostra em caixas de vidro, sempre me fascinou desde menino. Eles parecem trazer para perto de nós essa tranquilizante sensação de paz e equilíbrio que têm as coisas da natureza. Daí porque eu decidi incluir um aquário de médio porte no ambiente da minha sala. À noite, gosto de ficar confortavelmente instalado no sofá em frente, servindo de plateia para os peixes, enquanto estudo ou leio algo interessante, geralmente ligado às minhas atividades de consultor em recursos humanos e professor universitário. Num desses momentos, minha atenção se concentrava em um recente artigo do original pesquisador americano Richard Pascale. Com seu estilo característico, ele fazia uma interessante comparação entre a vida das espécies na natureza e a atuação dos profissionais e organizações no atual mercado de trabalho.

Ainda com as ideias de Pascale na mente, voltei meu olhar para os peixes... Eu havia comprado alguns daqueles amarelos recentemente e, não entendi bem por que, dois dias depois, um deles havia morrido. Eu oferecia aos moradores do aquário todas as condições necessárias para viver confortavelmente ali e alguns já tinham mais de um ano de permanência. Bem, na verdade, lembrei que, quando coloquei os tais peixes novos no aquário, havia observado que um deles tinha as barbatanas meio corroídas. Sinal de debilidade ou alguma doença, talvez. E para existir, mesmo em situações ideais, qualquer ser vivo precisa estar forte, saudável e em perfeitas condições. A luta pela sobrevivência exige isso. Mas, afinal, o que tudo isso tinha a ver com as reflexões do artigo que eu estava lendo? Curiosamente, as coisas pareciam estar se relacionando: os peixes do aquário e as ideias do professor americano. Certamente eu estava vivendo um desses momentos especiais em que nossa percepção sutilmente nos diz: "Fique alerta! Algo importante está à vista!" É como se, de repente, eu tivesse "plugado" a tomada da minha inteligência em algum conhecimento interessante, ligando duas coisas aparentemente sem conexão.

Deixei, então, que minha mente navegasse tranquila naquelas águas... Pude ver assim que, a exemplo dos meus peixes, profissionais e organizações também buscam sua sobrevivência e crescimento no enorme "aquário" chamado mundo do trabalho. Esses personagens são os "peixes" que nadam nesse amplo espaço que, a exemplo da natureza, também tem suas exigências e seus perigos. Por isso, caso não mostrem o preparo, as competências e a estrutura exigidas para todos no competitivo mercado da atualidade, correm o risco de fracassar e aparecer depois "boiando" nessas águas traiçoeiras para os inexperientes, tal qual aconteceu com aquele peixe amarelo. E isso nem é uma raridade. Todos os dias e em todos os lugares do mundo, pessoas perdem empregos, oportunidades, negócios, clientes, dinheiro, bens e relações nesse exigente cenário globalizado. O mesmo é válido para as empresas na dimensão da sua realidade. Na verdade, tudo o que tem vida, ocupa um espaço e tem suas possibilidades, necessita de encontrar permanentemente as condições necessárias para sobreviver e garantir sua permanência no universo do qual faz parte. Caso contrário, sua existência será curta.

A ideia deste livro veio exatamente daquele aquário na minha sala e extrapolou depois para a natureza, fonte das melhores inspirações humanas e onde a luta pela sobrevivência mostra lições essenciais que podem direcionar melhor os esforços de trabalhadores e corporações nesses tempos de tantas transformações e incertezas. Com essa visão original e pensando com mais detalhes na vida dos meus peixes, descobri, a partir deles, dez estratégias de sobrevivência que vigoravam naquele espaço cheio de água e também fora dele. Onde há vida, há leis naturais regulando o nascimento, o desenvolvimento, a conservação e o final dessa vida. É claro que a grande experiência apresentada pela natureza vai muito além daquela simples amostragem numa caixa de vidro. É extraordinariamente mais diversificada, mais dinâmica, mais completa e mais complexa. Mas, se eu tinha de começar por algo, aquele aquário certamente foi um interessante ponto de partida para minhas descobertas.

Você, que também experimenta a instabilidade dos momentos atuais, considere as dez indicações básicas que coloco nestas páginas não como uma palavra final. A palavra final quem pode dar é sempre a própria natureza, com suas leis imutáveis. O que mostro vai mais como um adiantamento desse exercício inteligente e sensível que todo profissional deve realizar livremente na busca de sua permanência e estabilidade no universo que ocupa. As estratégias são as tais "dicas" para você encontrar um espaço e as condições adequadas e poder assim "vender o seu peixe" com mais facilidade, ou seja, vender o que você representa como profissional ou organização no mundo do trabalho. Possivelmente há outras estratégias que poderiam ser consideradas e cada um poderá encontrálas nessa busca individual. Mas, fiz questão de selecionar aquelas que julguei as essenciais e também as mais ligadas à minha visão e experiência de vida. Com certeza, elas poderão ajudálo a encurtar o caminho, senão para o sucesso, ao menos para sua permanência e crescimento nesse mutante e conturbado mercado onde todos estamos inseridos.

Há, porém, uma questão muito mais séria em tudo isso. Vai como um alerta. Por maior que seja a imagem que tenhamos desse nosso representativo aquário do mundo do trabalho, é sempre bom percebê-lo como um espaço restrito e de menor importância se comparado com a grandiosa dimensão que possui a existência como um todo. Infelizmente, a maioria das pessoas não vê as coisas assim e cada vez tem destinado para as atividades profissionais mais do que deveria. Mais tempo, mais energia, mais atenção, mais recursos. Assim, terminam dando a uma parte a importância que deveriam dar ao todo. Isso significa uma curiosa distorção da realidade e não é um problema isolado. Tornou-se uma questão coletiva que hoje envolve todo o planeta e tem suas raízes lá no passado. Certo é que, ao longo dos anos, terminamos por criar em sociedade um enorme preconceito sobre a atividade do trabalho. Talvez por incapacidade nossa de avaliar com amplidão as reais perspectivas humanas, o trabalho terminou por ocupar o centro da vida, superando tudo o mais em importância. Tanto assim que dos primeiros questionamentos que a expectativa dos adultos faz às crianças, mal elas começam a ter uma vaga noção das coisas, é aquele famoso: "O que você vai ser quando crescer?" Na verdade, a pergunta está certa. Devemos sempre incentivar nos menores a visão do futuro, o querer ser mais do que são. A resposta esperada é que não está correta. Ela mostra a ansiedade exagerada que cerca a realização profissional de cada indivíduo. E isso termina acompanhando a pessoa ao longo de toda a sua vida, não como motivação, mas como uma permanente cobrança. E é uma cobrança que se instala dentro de si mesmo e se projeta depois no meio social em uma exacerbada manifestação coletiva. Chegamos ao cúmulo de avaliar as pessoas não pelo que são como seres humanos, por suas ideias e valores, mas pelo que representam na vida do trabalho. Ganha mais destaque a posição que as elas ocupam, seu cargo, sua área de atuação, o que fazem, quanto ganham, a empresa onde prestam serviço e tudo que alcançaram em consequência disso. E a realidade sempre negou esta premissa, mostrando que não é apenas a realização profissional que dita o sucesso e a felicidade de alguém. Curiosamente, o "aquário" terminou ganhando mais importância que os peixes.

Claro que todas essas conquistas no universo do trabalho têm seu mérito e qualquer esforço lícito nesse sentido deve ser sempre valorizado. Mas os extremos são sempre negativos e, nesse caso, o exagero é que coloca as pedras no caminho. A partir daí, podemos entender melhor essa correria louca do dia-a-dia, a luta para garantir um lugar visível nesse cenário, os enormes investimentos nessa realização, o *stress* crescente na lida diária, as concessões que se fazem, os atritos, as perdas e os recursos duvidosos que tantos usam nesse jogo sempre mais injusto para os mais despreparados. Tudo isso termina por criar essa realidade agressiva e desestimulante que experimenta a maioria dos trabalhadores em todos os níveis e lugares do planeta. Qualquer dúvida, basta observá-los todas as manhãs, indo para suas habituais tarefas. Lembram gado a caminho do matadouro. Na sua grande maioria, vão de cara amarrada, sem motivação, sem alma, sem um incentivo maior, sem perspectivas de mudança. Todos conformados como escravos a uma rotina diária e empurrados apenas pela obrigação. E isso não só para o trabalhador comum, mas também para os mais graduados. No último caso, apesar da aparência contrária, veremos um drama ainda maior, agravado pelas pressões da responsabilidade, pelo peso do cargo, pela ambiente competitivo e pela ansiedade para manter-se no lugar e subir na escalada do poder. Infelizmente, trabalho tornou-se sinônimo de sacrifício, de algo ruim e desagradável, ao extremo de valorizarmos mais os dias de folga que os dias de atividade. E esse triste quadro fatalmente tem suas repercussões negativas na forma como cada um cumpre suas tarefas diárias, como se relaciona com as chefias e colegas, como atende os clientes, como leva sua vida nesse cenário desmotivador.

Seguindo com nossa metáfora básica, imagine se você tivesse vários aquários, todos com seus peixes para serem cuidados e alimentados diariamente. Não é difícil prever o que aconteceria se desse preferência a apenas um dos aquários. Da mesma forma, não podemos esquecer que nossa existência não é apenas uma parte, mas um todo composto de diversas vidas. Além da vida no trabalho, também temos a vida pessoal, a vida familiar, a vida com os amigos, a vida da saúde, a vida do lazer, a vida em sociedade e outras tantas que se queiram acrescentar para ampliar o campo de ação. Todas elas são relevantes e pedem de nós uma parte de atenção, de tempo, de energia e de recursos. Cada uma cumpre seu papel e cria, em conjunto com as demais, esse equilíbrio vital que necessitamos. É essa diversidade que verdadeiramente enriquece e nos faz crescer como seres humanos

E se pensarmos bem, investir oito horas na vida do trabalho já está de bom tamanho, principalmente se vemos que vai aí um terço da nossa quota diária de vinte e quatro horas. Porém, como o importante não é a quantidade de horas gastas, mas a produtividade alcançada, melhor será se nossa capacidade puder fazer mais em menos tempo. Daí teremos, então, uma significativa sobra de horas. Mas isso só terá sentido se soubermos encaminhar esse tempo ganho para as outras vidas, que sempre estão carentes de atenção. O que acontece no comum é que, quando sobram algumas horas, terminam sendo jogadas novamente no caldeirão do trabalho. No final, isso é um engano, pois eficiência não é trabalhar mais e sim, pensar melhor. Como resultado dessa função inteligente, você atua com mais eficiência, produz mais e aprende a resolver com agilidade os problemas do dia-a-dia. Na verdade, isso significa competência no uso do tempo. E o tempo é algo democrático. Ninguém tem mais nem menos tempo que os outros. O que varia é a capacidade de trabalhar com ele, tendo o controle das situações e produzindo resultados positivos. Isso significa saber distribuir as horas equilibradamente, algo que todo profissional ou organização deve buscar continuamente. Hoje, inclusive, já há corporações atentas para isso. Nos finais de horários, elas até interrompem a energia elétrica ou desligam os computadores para que ninguém ultrapasse certo limite no cumprimento de suas obrigações diárias. Mas isso é só uma tentativa de criar um comportamento que deveria existir naturalmente em todo indivíduo no resguardo de sua própria sobrevivência.

Certo é que pessoas e organizações precisam rever sua visão do trabalho. A atividade profissional deve aumentar seu conteúdo humano, deve ser atualmente mais mental do que braçal, até porque o trabalhador do futuro não deverá ser mais chamado de "mão-de-obra". Talvez "cabeça-de-obra" seja mais adequado. Especialmente neste mercado competitivo, os trabalhadores devem ser capacitados para pensar e resolver problemas, motivados para ajudar a empresa a criar e inovar, educados para viver enquanto trabalham, e não apenas trabalhar para viver.

Podemos ver então que o *X* do problema está exatamente em saber equilibrar as coisas na balança da vida. Tempo é uma questão de hierarquia e cada um gasta sua cota naquilo que considera mais importante. Quando não há um equilíbrio neste uso, muitos sacrificam a si mesmos, sua saúde, sua família, suas amizades e outras coisas importantes, envolvidos apenas nas obrigações do trabalho. Mais que tudo, isso mostra uma visível ausência de autoliderança, competência que fala de gestão inteligente da própria existência, de saber eleger prioridades e de ter foco no ponto aonde se quer chegar. Com muito acerto afirma o consultor Sílvio Bugelli: *"Quem não tem controle sobre o seu tempo não tem o controle sobre si mesmo. Mais importante que aprender a administrar o relógio é saber utilizar a bússola. Mais importante que velocidade é a direção. Antes de definir o* ***que*** *ou* ***como*** *fazer, é preciso ter nítido para onde se deseja ir".*

Certa vez, conheci um executivo, pessoa já madura, que ocupava um cargo de destaque em uma empresa multinacional. Apesar de sua privilegiada condição, vivia correndo para cá e para lá, sempre ocupadíssimo com os tais "assuntos inadiáveis". Gastava muitas horas do dia nas atividades do trabalho e, com isso, se descuidava bastante das outras áreas de sua vida. Muito centralizador, não costumava delegar tarefas e se gabava de não sentir falta de férias. Era muito ansioso, alimentava-se mal e, muitas vezes, não conseguia tempo nem para fazer uma boa revisão médica anual. Em certa ocasião, cheguei a alertá-lo sobre o risco que isso representava. Não adiantou. Tinha uma enorme crença em si mesmo e ouvia pouco as pessoas. Fiquei penalizado, mas não surpreso, quando soube que teve um infarto fulminante em pleno voo numa de suas tantas viagens de negócios. Desta vez desceu do avião direto para um caixão. Triste fim para uma pessoa capaz e produtiva, com tantas possibilidades, mas que perdera a noção desse equilíbrio vital e tão frágil em que a sobrevivência se apoia. É curioso, mas a morte sempre nos leva a pensar na vida, na forma como a levamos, em como aproveitamos as grandes oportunidades que ela nos oferece, algo cujo cuidado e responsabilidade não dá para adiar indefinidamente ou delegar para terceiros.

Na verdade, nunca devemos colocar a vida dentro da profissão. O contrário é mais lógico e sensato: colocar a profissão dentro da vida. E esta é a regra essencial que se pode retirar de tudo isso, aquela que todo trabalhador ou organização deve seguir no caminho do sucesso. Isso é vital até mesmo para sair-se melhor nas tarefas diárias, ser mais criativo na solução dos problemas, desenvolver melhores produtos e serviços, criar relações mais produtivas, atender melhor os clientes e sentir-se completamente realizado e feliz nessa importante área das atividades humanas que é o trabalho. Nossa atitude diante da vida não depende necessariamente do que se passa em volta de nós, mas do que se passa dentro de nós. Assim, a velocidade máxima permitida para crescer é aquela que nunca nos deixa esquecer que, além da estrada, existe uma vida a ser vivida, sem a qual não faz o menor sentido chegar ao destino. Muitas vezes, a beleza e o aprendizado que adquirimos vendo a paisagem é o que forma essa parte humana mais essencial ao equilíbrio que se deve buscar. E, certamente, se você perguntar por aí, descobrirá que muitos nem sabem mais responder aonde querem chegar nessa louca corrida em que transformaram sua existência.

É sempre bom ter em conta que a melhor recompensa para o trabalho de um homem não é o que ele ganha com isso, mas o que ele se torna com isso. E o trabalho jamais pode ser uma atividade que rende apenas recompensas financeiras para realizar nossos sonhos materiais e de prestígio. Isso é ter uma visão muito mesquinha das coisas. O verdadeiro bem-estar não está na vida confortável que se pode alcançar, mas sim, na sensação de ter realizado alguma coisa de real valor, que realmente faça valer a pena a luta do dia-a-dia. E há inúmeras maneiras de alcançar isso sem perder essa noção essencial de verdadeiro equilíbrio e felicidade.

Particularmente em minhas viagens de trabalho, tenho conhecido muitas pessoas interessantes, muitos lugares e maneiras diferentes de viver, muitas formas criativas de ganhar o sustento, muitas opções para sentir-se realizado na lida diária. Enfim, vou observando tudo isso e sempre retorno enriquecido, com uma visão mais ampliada do mundo e das coisas. Porém, também tenho voltado com uma nítida sensação de que a quase totalidade das pessoas acabou entrando num beco sem saída, numa rotina inconsciente, que lhes rouba muita dessa paz que se busca inutilmente em tantos lugares e coisas, sem a encontrar jamais. Perderam o rumo e terminaram subordinando-se a situações que em nada contribuem para seu verdadeiro progresso pessoal e sua qualidade de vida. E qualidade de vida, em particular, não se ganha de graça. A gente constrói administrando o tempo com inteligência e dando atenção de forma equilibrada a todas as áreas da nossa vida, inclusive a si mesmo. Aí sobra espaço até para conversar com um amigo, visitar a mãe, ir à festa do filho no colégio, fazer uma caminhada, ler um bom livro, ir ao cinema com a namorada, fazer aquele *check-up* periódico, apreciar tranquilamente a paisagem sentado num banco da praça ou até mesmo olhar os peixes num aquário e acabar descobrindo coisas fantásticas...

Pode parecer estranho eu dizer isso, mas entendo que o homem não nasceu para trabalhar. Ele nasceu para viver. Isso é o essencial! É claro que não estou fomentando nenhuma posição de passar o tempo na folgança. Mas temos de pensar assim, porque a atividade profissional deve estar subordinada a essa visão vital e não ter a pretensão de ser o centro desse universo chamado vida, nem roubar de nós a oportunidade de seguir nossas melhores inspirações e criar também outras realizações. O trabalho deve contribuir para isso e não ser um obstáculo aos nossos melhores sonhos e à nossa felicidade. Deve somar e não subtrair. Não é um fim, mas um meio para aprender, para mudar nossos conceitos, para criar e aperfeiçoar nossas relações, para nos transformamos em seres humanos melhores. Aí sim, o trabalho realmente começa a fazer sentido e ganhar sua verdadeira relevância e uma dimensão maior. Aí o "aquário" não terá mais importância que os peixes.

Se você gosta do que faz, faz bem feito e mostra competência para administrar com paciência inteligente sua carreira e seu tempo, o sucesso vai acontecer mais cedo ou mais tarde. Pode ter certeza disso. Não tenha a pressa dos insensatos nem queira alcançar tudo de uma só vez. Esse "tudo" muitas vezes tem um preço muito alto que não vale a pena pagar. Nenhuma posição de sucesso vale o que você, muitas vezes, pode estar perdendo. Valorize suas conquistas, seja grato a tudo e a todos que possam ajudá-lo nesse caminho e crie as condições necessárias para ser verdadeiramente um vencedor no mundo do trabalho. Lembre-se de que as pessoas mais felizes não têm necessariamente as melhores coisas do mundo. Elas simplesmente apreciam tudo que conquistaram. Trabalhar não é somente fazer e vender coisas. Acima de tudo, é um verdadeiro processo, inteligente e voluntário, de auto-humanização. E só você pode realizá-lo.

SOBREVIVER PARA CRESCER

"Quando o mundo à sua volta se transforma, preservar a estabilidade torna-se uma ameaça à existência futura. É nessa hora que precisamos de um novo tipo de agilidade que permita nos reinventarmos. A sobrevivência é amiga de índices elevados de adrenalina, cautela e experimentação".

Richard Pascale

Certa vez, o diretor de uma empresa familiar me disse, com ar preocupado, que nos dias de hoje as coisas estavam mudando rápido demais. Ele era antigo no ramo e conhecia o mercado, mas, ultimamente, seus maiores concorrentes não eram mais as outras lojas da região. Estavam na *Internet*, em *sites* que acabavam vendendo mais e melhor que sua rede de lojas. Concordei com ele e, como consultor, indiquei-lhe algumas estratégias de *marketing* para melhorar seu posicionamento no mercado. Há tempos, porém, e com toda sua eloquência, a realidade já estava sinalizando-lhe um claro alerta: mude ou desapareça!

Para quem não entende o que está acontecendo no mundo do trabalho ou experimenta seus piores efeitos (o que ainda é a grande maioria), tudo isso pode parecer apenas mais uma crise. Porém, a coisa não é tão simples assim. O que estamos presenciando neste momento no grande "aquário" não significa um simples modismo ou coisa passageira. É algo que veio para ficar e mudar definitivamente a maneira como todos nós trabalhamos e vivemos. É a consequência de uma transformação histórica, fundamental, de raiz e que já dura algumas décadas. A introdução da tecnologia eletrônica tem determinado uma aceleração nos meios de comunicação e nos processos produtivos, rompendo definitivamente com todos os procedimentos e relações que marcaram a vida de corporações e trabalhadores nos últimos trezentos anos. E não é um movimento localizado, parcial. É global, ou seja, envolve todo o planeta e ninguém vai ficar de fora dessa grande transformação. Tudo isso tem criado um conjunto inesperado de circunstâncias: novas tecnologias, novos produtos e serviços, novos consumidores, novas plataformas de negócios e novas configurações de mercado, impactando o quotidiano de todos nós. São mudanças profundas, capazes de desconstruir ideias, carreiras e empresas que, até então, eram consideradas sólidas.

É bem o que o visionário professor Peter Drucker previu ao afirmar algumas décadas atrás: "*Aquilo que chamamos de Revolução da Informação é, na realidade, uma revolução do conhecimento. A Revolução da Informação vai ser semelhante à Revolução Industrial do final do século 18 e início do século 19*".

Para entender melhor o que está acontecendo, é preciso recolher muitas informações e depois avaliá-las com calma. Para mim, que já vivi mais de meio século, fica um pouco mais fácil fazer as comparações necessárias e juntar as peças desse quebra-cabeças, para ir então formando uma imagem mais clara da realidade que nos envolve atualmente. Sou do tempo do mimeógrafo a álcool e da máquina de datilografar. Agora tenho que lidar com a impressão a *laser*, a *Internet* e o *tablet*. Mais que isso, curiosamente, agora também tenho de explicar o resumo desta ópera e suas implicações no mercado para auditórios de profissionais e meus alunos na faculdade. Bem, esta é talvez a missão mais nobre para quem viu o tempo passar e não ficou apenas assistindo como espectador passivo. Mesmo para não envelhecer por dentro, é preciso acompanhar e analisar as transformações que vão acontecendo, e não simplesmente amoldar-se a elas. É mais fácil e inteligente passar pelas mudanças assim, até porque toda mudança tem seu lado bom e seu lado ruim também. Se não quisermos sofrer as consequências negativas de tudo isso, é importante nos localizarmos inteligentemente dentro desse novo cenário. Em rápidas pinceladas, eis aqui, então, algumas das características que melhor definem a realidade atual do mundo do trabalho:

- **Evolução tecnológica acelerada**

É algo que se pode ver em todas as áreas de trabalho, na introdução de uma infinidade de novos recursos para realização das tarefas humanas habituais. Ganha destaque também a diversidade dos meios de comunicação atuais que têm transformado radicalmente a vida das pessoas de forma global.

• Novos procedimentos de trabalho

Com a implantação cada vez mais abrangente da tecnologia eletrônica, todos os profissionais e corporações, têm sido levados a mudar radicalmente as formas de realizar suas tarefas no universo do trabalho. Isso criou também uma aceleração dos processos e, em consequência, novos procedimentos e atitudes, positivas umas e negativas outras.

• Substituição do homem pela máquina

Particularmente nas funções monótonas, repetitivas e rotineiras, a mão do homem tem sido substituída pelas novas máquinas "inteligentes", fruto da moderna tecnologia eletrônica. Elas exercem muitas funções com maior acerto, autonomia e rapidez. Por isso o trabalhador do futuro não vai poder concorrer com essas máquinas, mas deve tornar-se um profissional mais especializado e atuante nas funções particularmente humanas.

• Surgimento de novas áreas de trabalho

As novas tecnologias determinam automaticamente novas formas de trabalhar, novas áreas e diferentes profissões que vão sendo introduzidas rapidamente no mercado. Ao lado disso, também vão surgindo novos produtos e serviços, atendendo e criando demandas nos clientes. Todas essa inovações exigem naturalmente uma capacitação maior e diferenciada de todos os profissionais.

• Crescimento horizontal nas organizações

A drástica redução no antigo organograma pirâmide das organizações dificulta hoje a tradicional via de acesso para ascensão na carreira. Daí que o avanço dos profissionais se dá agora mais no sentido horizontal que vertical. Quem quiser crescer no atual mundo do trabalho terá de mudar suas estratégias, criando diferentes tipos de atividade, diferentes comportamentos, diferentes mercados, novas funções, novos clientes, novos produtos e serviços, etc.

• **Maior produtividade com menores custos**

A introdução das novas tecnologias veio acelerar particularmente os processos produtivos, reduzindo os custos e melhorando os produtos e serviços com a substituição de matéria prima e mão-de-obra. Isso aumentou a produtividade, mas tem criado também uma inusitada necessidade de recolocação para muitos trabalhadores em todas as áreas.

• **Globalização do mercado**

A proliferação dos diversos meios de comunicação modernos veio incrementar a criação do chamado comércio eletrônico e, em consequência, de um novo mercado cada vez mais globalizado e muito mais competitivo. Hoje, em tempo real, se pode comprar e vender de tudo em qualquer lugar do planeta. É uma mudança drástica de todos os padrões utilizados até então, o que exige também uma mudança do modelo mental para profissionais e corporações.

• **Extinção do modelo pirâmide nas organizações**

O antigo modelo vertical presente nos organogramas da era industrial vem sendo substituído rapidamente por novos modelos de gestão, mais simples, mais ágeis, mais econômicos e mais focados nas necessidades do atual cliente.

• **Redução do emprego e crescimento do trabalho**

Neste competitivo mercado global, as empresas agora têm de reduzir seus custos drasticamente. Onde é possível, substituem pessoas pelas novas máquinas eletrônicas e só contratam o mínimo necessário de trabalhadores. Por isso o profissional da atualidade tem de seguir o caminho não mais do emprego, mas do trabalho, da iniciativa, da criatividade, do empreendedorismo.

- **Ganhos compatíveis com resultados**

Na atualidade, o trabalho vai ganhando relevância sobre o emprego. Neste competitivo mercado de agora, o bem maior passa a ser o conhecimento. Daí que a palavra salário também vai sendo substituída pela palavra recompensa, e esta recompensa é dada de acordo com os resultados de um trabalho que deve ser realizado de forma cada vez mais ágil e inteligente.

- **Forte tendência para a terceirização**

Num mercado tão competitivo, a terceirização de profissionais ganha destaque, pois as empresas podem escolher os melhores com menores custos. O vínculo de trabalho formal vai-se tornar algo cada vez mais restrito daqui para frente.

- **Maior demanda de capacitação, qualidade e ética**

Nesse atual cenário, todas as exigências têm crescido rapidamente, gerando uma demanda de trabalho mais especializado, com maior nível de qualidade nos produtos e serviços, maior foco no cliente e dentro de uma nova visão ecológica, de cidadania e dos padrões éticos internacionais.

- **Clientes mais informados e exigentes**

Com o acesso mais fácil aos novos canais de comunicação, maior capacidade de escolha e redução do poder aquisitivo em todo o mundo, os clientes também se tornaram mais bem informados e mais exigentes, gerando um novo modelo de atendimento no mercado.

- **Aumento da participação feminina no mercado**

Em todos os países, a participação das mulheres no mercado de trabalho só tem crescido nas últimas décadas. No

Brasil, por exemplo, isso alcança hoje o patamar de 42%. Com certeza é uma realidade que cria novas necessidades e afeta também o estilo de vida da sociedade nos mais diversos setores.

Você já viu como se faz um desenho animado? Mesmo realizado com os avançados recursos tecnológicos atuais, um desenho animado ainda é uma sequência de imagens que, ao serem passadas rapidamente, dão a impressão de que os personagens e as coisas têm vida própria, têm alma (*anima*). Daí o nome desenho "animado". E essa aparência de vida acontece a tal ponto que um personagem como o *Mickey*, por exemplo, apesar de ser uma criação virtual, se mostra familiar a nós como se fosse alguém que realmente existisse na realidade. Bem, a produção de um desenho animado depende de um roteiro a ser seguido e os personagens também precisam de um cenário onde atuar. Se você observar bem, quando muda o cenário, muda também a fisionomia, a postura corporal e as atitudes dos personagens. Conclusão: o cenário tem uma forte influência sobre o comportamento dos personagens. E o mesmo acontece conosco: toda vez que muda a realidade ao nosso redor, o cenário onde estamos inseridos, também somos levados – querendo ou não – a mudar nosso comportamento. Caso contrário, ficamos fora do contexto, fora da realidade e sofremos as consequências dessa alienação.

E nesse cenário atual, as novas tecnologias é que roubam a cena. De forma inevitável, elas vão tomando cada vez mais espaço, tempo e volume, transformando os hábitos e comportamentos de todos nós. Tudo hoje acontece mais rápido e vai adquirindo o formato eletrônico em todas as áreas. O computador condensa hoje todo o conhecimento humano e tornou-se presença obrigatória em todos os lugares. Lidamos com informações instantâneas o tempo todo e a *Internet* – particularmente agora as redes sociais – abriu definitivamente o acesso ao resto do mundo. O telefone celular tornou-se nossa central de informações móvel. Filma, tira fotos, permite comunicação global e tem mais uma série de outras funções. O *tablet* e outras invenções rapidamente vão virando mania. Robôs e máquinas sofisticadas substituem as mãos humanas em inúmeros segmentos e aceleram enormemente os processos produtivos. Bem, com todas essas mudanças, nosso mundo deve ter ficado mais rápido, mais ágil, mais fácil, melhor... Será mesmo? Para tanto, os preços teriam caído, as filas iriam diminuir, haveria menos papéis, o atendimento seria mais humanizado, os serviços seriam mais ágeis e eficientes, a burocracia diminuiria, o tempo sobraria para outras coisas e veríamos melhoras significativas no trabalho e na qualidade de vida das pessoas. Na prática, não é bem assim que está acontecendo. Parece que o contrário de tudo isso ainda é nossa realidade quotidiana. Prova de que só tecnologia não resolve problemas.

Com grande senso de humor, um amigo meu vive dizendo que o próximo dilúvio será de papel. Infelizmente, tenho de concordar com ele. Depois da introdução do computador em nossas vidas essa situação dos papéis só piorou e se espalhou como uma epidemia. Nos Estados Unidos, por exemplo, a produção de celulose dobrou nas últimas décadas para atender à nova demanda. No resto do mundo não deve ser diferente. E o problema não está nas máquinas, mas no comportamento das pessoas. A tecnologia veio para facilitar as coisas, agilizar os processos e evitar o uso de papel. Mas a maioria lida com as novas tecnologias com uma visão ultrapassada. Daí, tudo que aparece na telinha vira impressão. Imprimiu, aquilo vira documento e acaba sendo arquivado. Os armários e gavetas nas empresas andam abarrotados de papéis e geralmente ninguém sabe ao certo o que tem por lá. Nesse caso, os personagens realmente não estão atuando de acordo com o cenário.

E fique atento. Se na sua empresa também existem muitos papéis para tudo, excesso de formalidade, procedimentos demais, erros demais, muita demora nas soluções, muitos atrasos e adiamentos, muitas reuniões improdutivas, filas no atendimento e coisas assim, mau sinal! Você pode estar trabalhando no Parque Jurássico e nem sabia. É que, em muitos lugares, isso já virou rotina e as pessoas nem percebem mais a anacrônica e triste situação em que vivem. O problema é que, em particular no nosso país, ainda circula por muitas organizações uma espécie que já devia estar extinta há muito tempo: o "*burocrassaurus brasiliensis*". Ele gasta muito tempo, contamina o ambiente, atrasa os processos, distrai as mentes e ocupa muitos espaços onde deveria estar trabalhando gente realmente competente.

Por causa disso, apesar de toda essa parafernália tecnológica que nos cerca, atualmente estamos correndo mais, trabalhando mais, mais tensos e, em muitos casos, enfrentando maiores dificuldades que antes. Parece que a qualificação dos profissionais não tem acompanhado a velocidade e eficiência das novas máquinas. Para reduzir essa disparidade, a maioria faz tudo mais rápido, atendendo à pressão dos chefes, dos consumidores e às exigências de um mercado cada vez mais dinâmico e competitivo. Mas isso não resolve o problema. Pressa não é agilidade. Agilidade é fazer as coisas rápido, porém com aquele controle que a experiência dá. Já a pressa é fazer tudo rápido, mas sem controle do processo e das consequências. Por isso, na pressa, acontecem 25% a mais de erros e a qualidade cai. A única coisa que sobe é o nível de *stress* das pessoas. A velocidade mata a excelência no trabalho, as boas ideias, a criatividade, as relações e o bom atendimento aos clientes.

O que acontece é que, apesar desse cenário de modernidade, o comportamento da maioria dos profissionais continua à moda antiga. Estamos lidando com o novo, mas presos às atitudes do passado. Em muitos lugares ainda é grande a burocracia. Existem regras demais e competência de menos. Há morosidade nos processos e um descuido persistente na realização das tarefas. A comunicação entre as pessoas é falha e é raro encontrar um verdadeiro trabalho de equipe. Atrasos e demoras são comuns e o atendimento está distante de provocar sorrisos nos consumidores. E, quando se quer melhorar alguma coisa, é comum encontrar uma visível resistência, particularmente nas chefias. É o que tenho comprovado repetidamente nas empresas, em minha atuação como consultor de recursos humanos. O tempo que a moderna tecnologia economiza é gasto depois pela ineficiência na atitude dos profissionais. No final, tudo isso só tem um resultado: prejuízo nos ativos das organizações.

Bem, todas essas distorções são típicas de um momento de transição tão incomum como o que vivemos atualmente no mundo do trabalho. É um momento em que as coisas estão acontecendo rápido demais para uma grande maioria que ainda não se acostumou com a velocidade. E uma coisa é certa: esse ritmo não vai ser reduzido. E, como diz o povo do interior, *"enquanto o carro anda, as abóboras se ajeitam"*. Daí que, mesmo caindo algumas abóboras pelo caminho, o movimento dessas mudanças não vai parar nesse cenário que vem se transformando radicalmente nos últimos anos. O ambiente tornou-se mais tecnológico, os movimentos são mais acelerados, as exigências aumentaram muito e as situações são cada vez menos previsíveis. É claro que isso aumenta o *stress* e exige um preparo maior para alcançar um ponto de equilíbrio. A questão é que muitos ainda continuam atrelados aos mesmos recursos que foram válidos no passado. Agora não são mais. E, nesse momento crítico, o perigo de se usar uma técnica que já teve sucesso antes é a tendência a tentar repeti-la indefinidamente. Experiência é sempre válida, porém jamais pode ser um farol voltado para trás, iluminando tudo o que você já viveu, fez ou alcançou em outros tempos. O mercado de hoje vem com outros problemas, outras demandas, outro perfil de cliente. Ele quer saber não tanto o que você já fez, mas sim o que você é capaz de realizar daqui para frente, em quê você vai contribuir nessa nova realidade que se está instalando rapidamente em todos os cantos do planeta. Daí que, para sobreviver a todas essas transformações de agora, é preciso mudar as estratégias.

Infelizmente a maior parte das pessoas e organizações ainda não se adaptou a tudo isso. Geralmente existe uma quase paralisação dos movimentos frente ao novo e uma enorme resistência às mudanças. Para muitos profissionais e empresas, conseguir agir é um dos maiores desafios a enfrentar na atualidade. Faça o teste: quando é preciso escolher entre mudar e provar que não é necessário mudar, a maioria das pessoas quase sempre corre em busca de provas. É aquela coisa do "não se mexe em time que está ganhando". Por isso o comportamento ativo e inteligente tornou-se especial neste novo tempo. Para mudar é preciso estar atento, ter agilidade, sair da mesmice, trocar de atitude, abandonar as antigas fórmulas e focar no futuro que já chegou. E nem é preciso ser radical. Cada um pode ir no seu ritmo, mas é vital começar esse processo de autotransformação. Mudar por dentro primeiro, e depois por fora. Para facilitar, você pode imaginar que está frente a um prato de sopa quente. Mesmo com fome, não vá com muita ansiedade, senão pode queimar a língua. O melhor mesmo é começar pelas beiradas e até dar uma sopradinha antes. Seguindo essa imagem, no atual mundo do trabalho seu comportamento deve ser o mesmo: devagar e sempre.

Certamente uma troca de cenário tão abrangente e definitiva sempre traz consigo impactos positivos e negativos. Daí que muitos sofrem os contrastes desse ambiente extremamente instável que se formou. Mesmo assim, é óbvio que todos querem fazer parte do mercado e também crescer nele. Porém o crescimento passa antes pela sobrevivência ou, melhor, faz parte dela. E, nesse cenário global, o momento não é propriamente uma situação ideal de sucesso e desenvolvimento. Na verdade, em muitos lugares, a preocupação de muitos está mais em manter-se vivo, em sobreviver. Para tanto, é só observar que o índice de empregos tem caído ano a ano, em particular nas economias ricas. Na zona do euro, por exemplo, a crise de governos acabou criando em muitos países um cenário mais difícil ainda, com elevadas taxas de desocupados e uma população jovem sem horizontes profissionais imediatos.

Felizmente, no Brasil, assim como em alguns países emergentes, a situação mostra um panorama bastante diferenciado. Para nós, ao contrário de outros tempos, existe agora uma enorme quantidade de empregos disponíveis. Em contrapartida, não há número suficiente de profissionais preparados para ocupar essas vagas. Esse curioso déficit é criado pelo encontro de duas realidades: de um lado, o desenvolvimento acelerado que o país tem experimentado na última década, e, de outro, uma formação deficiente daqueles que não conseguem ocupar essas colocações dentro de um mercado que se tornou muito mais especializado e exigente. O impasse deve continuar pelos próximos anos e é preciso criar, em tempo hábil, trabalhadores mais qualificados e produtivos. Na urgência, muitas organizações têm tomado a seu cargo essa tarefa, capacitando elas mesmas as pessoas de que necessitam. Têm ainda de criar mecanismos de atração para conseguir manter seus talentos em meio à grande disputa instalada pela concorrência nessa situação de mercado em oferta. Porém, somente uma educação de qualidade pode resolver, no médio e longo prazo, essa lacuna.

Por outro lado, os candidatos também devem preparar-se melhor por própria conta, tornar-se mais visíveis no mundo real ou virtual, melhorar seu conteúdo e seu *marketing* pessoal, ampliando sua rede de contatos e seu leque de opções. O que não dá é ficar esperando por acontecimentos milagrosos ou confiar que apenas empresários e governos vão resolver uma situação que hoje se tornou global. Com certeza, isso vai exigir grandes reformas estruturais para garantir que as pessoas entrem no mercado com as habilidades exigidas no atual cenário. Além disso, também serão necessários ajustes no sistema fiscal e social em todos os países. E ainda é preciso criar um clima motivador ao empreendedorismo e à inovação para um futuro que vai tender mais para o trabalho que para o emprego. Estas certamente não são transformações fáceis e vão levar alguns anos para mostrar resultados.

O melhor, então, para os profissionais de agora é ser mais independentes, criativos e se adaptarem rápida e inteligentemente à nova realidade. Independente das crises, quem quiser vencer nesta atual realidade terá de entender que as recompensas estarão, cada vez mais, em sintonia direta com a contribuição que se pode dar. Nesse ambiente tão competitivo e mutante, o novo trabalhador deve ter um perfil diferenciado e tomar o destino da sua carreira nas próprias mãos. A relação patrão-empregado está se transformando definitivamente numa relação cliente-fornecedor, e a profissão dos próximos anos passa a chamar-se competência, o que envolve o domínio de qualidades técnicas e humanas também. Para tanto, muitas vezes, a maior mudança e a mais necessária é a mudança do seu ponto de vista. Como diria o filósofo Voltaire: *"Quem não vive o espírito do seu tempo, vive apenas os males do seu tempo"*.

Certo é que toda essa transformação significa, acima de tudo, uma mudança de modelo mental, uma luta entre uma velha e uma nova concepção de trabalho que surge agora, valorizando o conhecimento como bem maior e as pessoas como fonte desse conhecimento. Daí as novas relações que aparecem no mercado, trazendo conceitos diferenciados e novos comportamentos para trabalhadores e corporações. Na verdade, tudo isso está em sintonia com o ambiente das atuais aspirações humanas, com essa visão mais equilibrada e ecológica que tem surgido em todo o planeta.

A base da formação de novos profissionais sempre foi a educação, seja ela formal, especializada ou complementar. Daí que, forçada pelas atuais demandas no universo do trabalho, a preparação de pessoas tem mudado radicalmente na sua base, abandonando gradualmente seus velhos paradigmas e criando outro conteúdo e outra forma de capacitação. É claro que isso não se faz repentinamente e sem grandes esforços, mas o processo segue um rumo gradual e inevitável. Vejamos no quadro a seguir os principais pontos dessa transformação vital que está a caminho na área do ensino:

A MUDANÇA NA EDUCAÇÃO

PASSADO/PRESENTE	PRESENTE/FUTURO
Aquisição de conteúdos pré-definidos	Aprender a aprender
Aprendizagem como produto	Aprendizado como jornada
Autoritarismo de quem sabe	Abertura e tolerância
Enfase na visão exterior	Experiência interior e subjetiva
Conhecimento teórico	Conhecimento prático
Educação infanto-juvenil	Educação contínua
Formação mínima e parcial	Formação ampla e integral
Currículo rígido e burocrático	Currículo aberto e flexível
Professor como fonte do conhecimento	Aprendizado múltiplo
Ênfase na tecnologia	Enfase nas pessoas
Formalidade e dogmatismo	Flexibilidade e criatividade
Relações de cima para baixo	Relações humanizadas
Educação voltada para funções	Educação voltada para ser humano
Conformismo e obediência	Autonomia e independência intelectual

Seguindo esse mesmo ritmo de mudança e, como consequência da nova concepção de educação que tem surgido nas últimas décadas, o próprio modelo de organização muda também, abandonando sua direção excessivamente centralizadora, seu oneroso e complexo organograma pirâmide, sua formalidade e frieza nas relações, suas atividades guiadas apenas pelo lucro, sua rotina e burocracia, sua baixa motivação e pouca criatividade. A nova concepção de empresa privilegia a gestão participativa, a capacitação e crescimento dos profissionais, as relações horizontais e mais calorosas, o ambiente lúdico e cooperativo, a qualidade de vida no trabalho, o aproveitamento dos potenciais e preferências de cada um, a maior iniciativa e responsabilidade, a inovação e a busca de soluções mais inteligentes, com o foco nas pessoas e em particular nos clientes.

Com a globalização da economia aliada ao novo modelo de comunicação virtual trazido pela tecnologia eletrônica, hoje o trabalho também vai-se deslocando da área formal para as áreas do trabalho autônomo, temporário e, em resumo, para o empreendedorismo como regra geral. E essa realidade se consolida inclusive na transferência de atividades para fora das organizações e até para outros países, o que não está mais confinado apenas à manufatura. Hoje há inúmeras vagas que demandam mais a inteligência e surgem agora no mundo todo por via de empresas, redes sociais e *sites* especializados na *Internet*. São mudanças muito profundas e radicais se comparamos com o que acontecia algumas décadas atrás, uma época que vai ficando apenas na memória. Provavelmente isso também terá um grande impacto em todas as partes, nos níveis de remuneração e na maneira como as pessoas vão lidar no futuro com a realização de suas tarefas profissionais. O conhecido pensador e escritor futurista Alvin Toffler alerta sobre a importância do conhecimento nessa nova era ao afirmar: *"Pelo fato de reduzir a necessidade de matérias-primas, mão-de-obra, espaço, capital e outros insumos, o conhecimento torna-se o substitutivo máximo – a fonte essencial de recursos de uma economia avançada. E, precisamente por isso, o seu valor não tem limite"*.

Na verdade, são dois momentos bem distintos que irão definindo-se melhor à medida que se forem consolidando todas essas transformações no mundo do trabalho. Isso vai-se mostrando através das novas demandas que estão surgindo, do novo modelo de profissional e empresa, dos novos produtos e serviços e também dos novos comportamentos que irão substituindo uma antiga forma de viver e de fazer as coisas. Mas, como ninguém muda de um dia para outro, até que tudo isso alcance um patamar mais estável, viveremos o que é comum acontecer nessas situações: um conturbado, tenso e contraditório período de transição, caracterizado pela mescla desses dois tempos que poderíamos denominar como passado/presente e o outro presente/futuro. O primeiro momento representa o que está sendo deixado para trás por sua inadequação às necessidades atuais. Porém, ainda vem acompanhado pela ambiguidade, pela resistência à mudança, pela disparidade entre o discurso e a prática. É passado porque não atende mais as demandas do hoje, mas é presente também porque ainda permanece na maioria dos processos e comportamentos. Isso porque todo processo de mudança é muito mais um processo de automudança, e isso não se faz num passe de mágica. Neste caso, é algo impulsionado mais pela necessidade que pela motivação. O segundo momento é um movimento que não tem volta. Veio para se instalar gradual, porém definitivamente, em nossas vidas, atendendo particularmente ao impulso das novas tecnologias da informação e desse mercado global em que todos estamos agora. Já se manifesta em muitas situações do presente mundo do trabalho, mas ainda tem um longo caminho a percorrer até sua consolidação no futuro. Na verdade, pede um esforço inteligente de todos os segmentos e uma atitude mais humana, verdadeira e equilibrada de trabalhadores e organizações. A síntese desse grande processo de mudança nas empresas está demonstrada no quadro comparativo a seguir. Observe na sequência de cada linha a significativa transformação que é necessária alcançar em cada item desses dois tempos representativos para que se formem as bases dessa nova realidade.

A MUDANÇA NAS ORGANIZAÇÕES

PASSADO/PRESENTE	PRESENTE/FUTURO
Poder pelo cargo	Poder pela competência
Chefia fala, manda, impõe	Liderança ouve, troca, aprende
Centralização de poder	Divisão de poder
Emprego	Trabalho
Compromisso com a empresa	Compromisso com o profissional
Controle e vigilância	Responsabilidade e autonomia
Ambiente tenso e concorrente	Ambiente ético e motivador
Postura passiva	Postura ativa
Metas e decisões impostas	Maior participação de todos
Obediencia e conformismo	Iniciativa e criatividade
Empresa é quem dita as regras	Cliente é quem dita as regras
Custos definem preços	Preços definem custos
Atendimento padrão	Relacionamento diferenciado
Hierarquia rígida	Estrutura flexível
Obsolência planejada	Reciclagem e conservação
Estabilidade, tradição e rotina	Senso de mudança permanente
Formação breve e básica	Capacitação continuada
Atuação fragmentada	Atuação sistêmica e integrada
Atividade pela memorização	Atividade pelo raciocínio
Empresa como máquina	Empresa como organismo vivo

Daí, em função de todo esse panorama revolucionário, repense suas regras, redefina seu papel, reinvente o jogo! Você precisa se perguntar se tudo isso representa uma oportunidade ou uma ameaça. Por isso mesmo essas transições são tão excitantes para uns e tão assustadoras para outros. Tudo depende da forma como se percebem as coisas. Se você começar a ver a mudança como uma ameaça, nunca vai sair do lugar nem ser criativo o bastante para encontrar seu lugar nessa nova realidade. Porém, não descarte alguma coisa só porque não é o que você tinha planejado para seu futuro. Os planos podem mudar e o inesperado é, muitas vezes, a melhor fonte de inovação e sua melhor oportunidade.

Portanto, criar estratégias de sobrevivência é a atitude mais inteligente e prática a adotar no momento. Isso pode garantir sua existência agora e também suas perspectivas futuras nessas turbulentas águas da mudança. E não tenha receios. É importante que desafiemos continuamente os paradigmas a respeito de nós mesmos, do mundo ao nosso redor, das organizações, das outras pessoas e de tudo, enfim. Isso é a base da renovação e é a própria vida quem dá o exemplo. A dificuldade não está propriamente em adotar as novas ideias, mas em escapar das velhas que se enraízam por todos os cantos da nossa mente. Agarrar-se a padrões ultrapassados pode deixar-nos paralisados enquanto o mundo passa por nós.

Estratégia significa saber lidar antecipadamente com o futuro, planejamento inteligente antes da ação, otimizar os recursos disponíveis para explorar novas oportunidades. Ter essa visão positiva do que virá é o que dá sentido à nossa vida e o principal motivador para a mudança. É essencial ver-se em cenários melhores que os atuais e querer isso com força. Porém, é preciso definir também os meios eficientes para chegar até lá. Essa visão inicial precisa imediatamente de uma ação na sequência, senão pode morrer no nascedouro. É preciso pensar e fazer. E começar já é a metade de toda ação. É exatamente aí que muitos falham. E, agora, nesse grande "aquário" do mundo do trabalho, você precisa adotar essa postura mais atenta, ágil e diferenciada. Deve aprender a criar e implementar suas próprias estratégias de sobrevivência. Elas devem formar um conjunto de ações interdependentes e práticas que irão ajudá-lo a ultrapassar as barreiras que se erguem no caminho. Podem variar para cada caso, mas existem regras gerais que sempre funcionam bem na maioria das situações. Curiosamente, as indicações mais seguras para isso vêm da velha mãe natureza. Com sua sabedoria característica, ela mostra claramente que, ao longo da evolução, as espécies que continuaram existindo não foram as maiores nem as mais fortes, mas sim, as que melhor se adaptaram às mudanças. Aquelas que resistiram às novas alternativas foram extintas.

Estratégia 1
PROCURE O SEU ESPAÇO

"Criar o próprio caminho é como fazer um passeio pela floresta amazônica. Não existem trilhas nem mapas. Você precisa criá-lo, aprender a sobreviver sozinho".

C.K. Prahalad

Certa vez fui a uma grande copiadora fazer algumas correções nos textos de um material que estava para ser impresso e encadernado. Trabalhava ao lado de um dos funcionários, porém o enorme barulho das máquinas dificultava muito nossa comunicação. Tínhamos quase que gritar para nos entendermos. Além disso, para proteção dos equipamentos, a temperatura ambiente era muito baixa. Depois de uma hora eu já estava quase rouco e cansado daquele ruído constante. Não tive dúvidas de que aquela situação tão pouco natural vivida através dos anos poderia prejudicar seriamente a saúde das pessoas que trabalhavam ali. O curioso é que o problema só parecia preocupar a mim. Pelo que observei, os demais já se haviam acostumado tanto com as condições ruins do local, que nem se incomodavam mais. Inquieto, perguntei ao profissional que me atendia se as coisas ali eram sempre assim. Ele me respondeu com um ar de ironia: "O senhor precisa ver quando ligam também as máquinas lá de dentro". Meu espanto aumentou. Quis saber, então, há quanto tempo ele trabalhava naquela empresa. Disse que há quatro anos. Daí, questionei até quando ele achava que aguentaria ficar ali naquelas condições. Com a fisionomia conformada, ele exclamou: "Ah, Seu Ronaldo, a gente precisa né?"

Senti uma enorme sensação de alívio quando pus o pé na rua. Fiquei imaginando quantas e quantas pessoas por esse mundo afora devem trabalhar em situações tão agressivas e desmotivadoras como aquela. Coisa triste de se ver! Se não é o local, são chefias truculentas, relações difíceis, pressões constantes, sobrecarga de trabalho, assédio moral, falta de segurança e outras coisas do gênero. E, o pior de tudo: a grande maioria nem reclama. Conforma-se, agarra-se àquela chance como se fosse a única, não tem planos de sair dali nem faz nada de concreto para construir um caminho diferente e mudar para melhor.

Se você observar bem, na natureza cada espécie busca sempre as condições necessárias e melhores à sua sobrevivência. Se não há, eles se adaptam, criam essas condições ideais. E isso começa com a escolha de um bom lugar para viver e se desenvolver. No caso daquele meu aquário, eu preparei isso para os peixes, procurando imitar o seu *habitat* e cuidando que tivessem ali todo o conforto de que necessitavam. Bem, no aquário ou na vida isso responde a leis naturais. O próprio homem, no processo de sua evolução através dos tempos, foi-se amoldando às mais variadas situações até encontrar as condições que mais favorecessem sua sobrevivência. Seja no deserto ou no gelo, na montanha ou no vale, aprendemos a viver sem problemas em diversas regiões do planeta. Porém, qualquer irregularidade que perturbe esse equilíbrio, dificulta ou até inviabiliza a existência. Será preciso, então, reparar os danos ou buscar outro ambiente, outro cenário onde se possa continuar existindo e ser feliz. Essas são alternativas que estão incluídas na evolução. Viver sempre dá trabalho e nos força a ter de buscar soluções para os problemas desse viver. Quanto mais inteligentes as soluções, melhor será o resultado na qualidade da vida. E o que podemos retirar de tudo isso? A primeira de nossas estratégias de sobrevivência a ser aplicada para se sair melhor no atual mundo do trabalho: *procure o seu espaço.*

No mercado de hoje, até para durar mais tempo e aumentar sua produtividade, pessoas e organizações devem seguir os exemplos mostrados pela mãe natureza e procurar as melhores condições para viver e crescer. E isso não diz respeito apenas a local, estrutura física, função ou relações no trabalho, mas, fundamentalmente, a comportamentos inteligentes que sintetizem verdadeiras estratégias de sobrevivência. Isso porque, no ambiente competitivo que se instalou nas últimas décadas, há atitudes que podem aumentar ou reduzir drasticamente as chances de permanência e crescimento neste mercado. Quantos trabalhadores, como no exemplo citado, limitam suas possibilidades ou enfrentam condições adversas por desinformação, comodismo, falta de capacitação ou medo de se arriscar em novas experiências! Outros trabalham de cara amarrada e até ficam doentes por estarem insatisfeitos com o ambiente onde atuam. Só no Brasil, por exemplo, pesquisas mostram que, a cada hora, pelo menos dez pessoas precisam pedir afastamento do trabalho para tratar de depressão, síndrome do pânico ou outros transtornos psicológicos, que também têm suas consequências físicas. E as mulheres aparecem duas vezes mais que os homens nessas estatísticas. Também o registro de doenças ocupacionais (lesões por atividade repetitiva, problemas decorrentes de má postura, deficiências na visão e outras) deu um salto nos últimos anos. No mundo inteiro, cerca de 270 milhões de trabalhadores são afetados por lesões graves não mortais e 160 milhões de trabalhadores sofrem de doenças de curta ou de longa duração em virtude de fatores relacionados com a atividade laboral. O custo total desses acidentes e doenças, segundo estimativas da OIT (Organização Internacional do Trabalho), chega a quatro por cento do PIB (Produto Interno Bruto) mundial.

Tudo isso mostra uma situação realmente preocupante. Porém não dá para ficar apenas reclamando e pondo sempre a culpa dos problemas no chefe, nas condições locais ruins, no baixo salário, nos problemas do dia-a-dia ou nos clientes difíceis. Em qualquer situação, as coisas só melhoram mesmo quando tomamos alguma iniciativa, até mesmo para buscar a ajuda adequada. Do contrário, nada acontece e a situação só tende a piorar. Todo profissional tem de abandonar essa tradicional postura passiva, acomodada, alienada e aprender a cuidar mais de si mesmo, seja mudando seus comportamentos, requisitando da organização mais qualidade de vida ou mesmo buscando uma melhor oportunidade de trabalho. É como diz o professor americano John Richardson Jr.: *"Existem três tipos de pes-*

soas: as que deixam acontecer, as que fazem acontecer e as que perguntam o que aconteceu". Tomara que você seja um daqueles que ocupam a posição do meio. Qualquer dúvida, faça acontecer e veja o resultado.

Costuma-se dizer que o trabalho nos enobrece. Mas não é bem assim. Esta é uma visão equivocada e passiva das coisas. Na verdade, somos nós que enobrecemos nosso trabalho. E isso se faz mudando o foco, realizando um esforço inteligente e continuado, criando uma motivadora troca de experiências com outras pessoas, querendo aprender sempre mais e buscando um sentido maior para nossas ações e conhecimentos na atividade laboral. É exatamente esse o único trabalho que nos enobrece e que produz excelentes profissionais e empresas.

O trabalho não pode ser um fim, como muitos encaram equivocadamente, investindo nele quase todo seu tempo e energia na busca do lucro financeiro ou social. Mais que essa visão imediatista, ele deve tornar-se um meio para nos sentirmos úteis e produtivos, para alcançar valores essenciais, maior equilíbrio psicológico, uma perspectiva mais amadurecida da realidade e melhor qualidade de vida. E esse trabalho deve levar sempre a nossa assinatura, nossa marca, nosso toque particular. Devemos ser reconhecidos e valorizados através dele. Para tanto, é preciso apreciar a atividade escolhida e fazer sempre o melhor que pudermos. O objetivo de qualquer desenvolvimento profissional, tecnológico ou de qualidade é preencher essa lacuna que existe entre o que as pessoas realmente fazem e o que poderiam fazer se dessem o melhor de si. Infelizmente, a maioria não gosta do que faz, trabalha apenas por obrigação, não investe em si mesmo e realiza somente o mínimo necessário. Na verdade, é tudo isso que inferioriza o trabalho.

E assim como as pessoas físicas, também as pessoas jurídicas vivem problemas na dimensão do seu espaço dentro desse universo do trabalho, em particular as pequenas e médias empresas. No Brasil, dados do SEBRAE mostram que cerca de 27% das iniciantes fecham as portas antes do segundo ano de vida por dificuldades na administração do negócio. Isso acontece principalmente com os empreendedores iniciantes. Além das dificuldades naturais para abrir as portas, pesam também a burocracia, a carga tributária, a falta de experiência, o baixo nível de capacitação na área escolhida, além da insuficiente avaliação do mercado e das condições onde vão atuar. Em muitos casos, esses pequenos empresários sentem-se sozinhos e confusos para ter iniciativas ou tomar decisões. Acabam se complicando, não têm muitas informações, não buscam ajuda especializada, escolhem as opções erradas, acumulam problemas e finalmente desaparecem do cenário. Em síntese, não apresentam as condições necessárias para sua sobrevivência, tal qual aquele peixe lá no meu aquário. Final triste para muitos sonhos e expectativas que, se bem encaminhadas, poderiam gerar situações felizes. Lá como cá, a lei da natureza não foi obedecida e as consequências não se fazem esperar.

Certo é que cada trabalhador ou organização, apesar das dificuldades, tem o direito e o dever de procurar a melhor situação onde desenvolver suas atividades, progredir e retirar dali seu sustento com dignidade e alegria. Este deve ser um compromisso, antes de mais nada, consigo mesmo e, em extensão, com os demais também, pois, no caso de uma empresa, isso envolve a vida de sócios, empregados, fornecedores e clientes. Então, como ponto de partida, é necessário pensar que sempre existe um lugar ideal, um espaço com o nosso nome gravado, esperando cada um de nós no mundo do trabalho. Isso motiva e direciona nossas energias. A questão é descobri-lo ou mesmo criá-lo. Sim, porque muitas vezes essa situação privilegiada necessita da nossa iniciativa e criatividade para ganhar vida. Adianto que, em ambos os casos, isso não é uma missão tão simples assim e nem sempre se pode começar nesse ponto ideal. Geralmente há uma distância entre o buscar e o encontrar, representada exatamente por uma espera que deve ser sempre inteligente e não passiva. Mas devemos transformar essa visão de futuro em meta e caminhar firmemente em direção a ela.

É bom lembrar ainda que esse "lugar ideal" que devemos buscar, tampouco significa ficar famoso, sentar-se na cadeira de diretor da empresa, ter privilégios ou ganhar altos salários. A felicidade muitas vezes não exige tanto, nem esta é a receita certa para o sucesso. O problema é que, infelizmente, a maioria dos trabalhadores se acomoda, se conforma com o pouco que encontrou e assim nunca realiza seus sonhos. E alguns fazem pior. Põem-se a reclamar da sorte, sentados à beira do caminho, apontando o dedo para os outros e à espera de algum evento milagroso que mude sua triste situação. Posso adiantar que nenhuma fada madrinha vai aparecer para mudar sua sorte. Então, não fique reclamando da escuridão! Tome a iniciativa e acenda a luz! E não é alguma luz que resplandeça fora, mas sim, aquela que está dentro de você, localizada na parte mais elevada e nobre da figura humana: a luz da sua inteligência. Geralmente é pouco usada, mas é a única que pode iluminar o caminho e ajudá-lo a encontrar esse lugar ideal, esse sonho de uma melhor condição no trabalho, esse situação onde você se sinta motivado, confortável e feliz na atividade desenvolvida.

Pode-se ver claramente que a vida é muito gratificante para aquelas pessoas que acreditam nos seus sonhos. Mas ela é mais gratificante ainda para aquelas pessoas que fazem tudo para que seus sonhos se realizem. Daí que o resultado para os que insistem é sempre a maior garantia de sobrevivência, além da visível melhoria de suas perspectivas e qualidade de vida. Nada mais motivador e produtivo que fazer aquilo de que se gosta e encontrar as condições necessárias para isso. É o maravilhoso processo de humanização dessa atividade chamada trabalho. Assim, ela vai deixando de ser castigo, algo forçado e desgastante, para chegar a transformar-se num verdadeiro prazer. Assim, você vai também fazendo que ela se torne mais digna. E é algo que só depende de cada pessoa, equipe ou organização. No final, os clientes também agradecem, dando preferência àqueles que oferecem melhores produtos ou serviços e os fazem sentir-se mais felizes nas relações do consumo.

Nossa primeira estratégia significa, então, encontrar um espaço próprio nesse imenso "aquário" representado pelo mercado da atualidade. O essencial é não ficar pensando em um modelo padrão de trabalho. E, necessariamente, não procure emprego. Procure perspectivas, pois esse lugar ideal pode ser tanto como empregado, empresário ou profissional independente. A escolha depende do seu potencial, vocação e também das possibilidades no meio onde atua. E nunca precisa ser uma escolha definitiva. Ela pode mudar, variar ou se multiplicar com o tempo, sua criatividade e as oportunidades que se forem abrindo no futuro. Hoje, qualquer profissional tem a chance de dar grandes saltos na carreira, desde que pare de olhar para o passado ou para o lugar-comum e descubra os novos caminhos que se vão abrindo em todas as direções. Vemos isso todo dia nesse time de vencedores que prosperam como pessoas e organizações, ultrapassando os limites iniciais da incerteza e das necessidades básicas para chegar ao sucesso. Curiosamente, não existe uma fórmula padrão ou infalível. O que funciona para um já não resolve para outros. Por isso, o sucesso é algo muito particular, que exige uma busca contínua e que se pode medir apenas por um índice: a satisfação pessoal. O importante é ter isso como objetivo claro, não perder o foco e aproveitar inteligentemente todas as experiências, retirando de cada uma delas as lições e os recursos que garantam sua sobrevivência e o gradual crescimento da própria realidade. Tem razão o pesquisador e consultor americano Rick Snyder quando afirma: *"As pessoas bem sucedidas são as que têm alta dose de esperança. Quando não atingem suas metas, em vez de desistir, elas tentam de novo, de novo e de novo"*.

Coloquei, a seguir, uma síntese dessas indicações que você pode utilizar para encontrar o seu sonho, o seu lugar ideal no mercado de trabalho, transformá-lo em realidade e ser mais feliz.

BUSQUE O SEU ESPAÇO IDEAL

• **Pesquise sempre**

Busque constantemente informações, em particular sobre a área onde já atua ou quer atuar, além de outras áreas correlatas também. Isso inclui leituras em fontes diversas, *sites* especializados, redes sociais, documentários e conversas com outros profissionais. Isso lhe dará uma visão mais ampla do mercado como um todo. Nesse momento atual, você tem de ser específico e abrangente ao mesmo tempo. Daí esteja atento e pesquise tendências, novos produtos e serviços, necessidades das pessoas e oportunidades que estão surgindo a cada dia. Com insistência, percepção apurada e paciência inteligente, você acabará encontrando o que procura.

• **Busque a experiência dos outros**

Pesquise de forma organizada, objetiva e diversificada. Mas procure ajuda principalmente com pessoas e organizações experientes no mercado, particularmente nas áreas de seu interesse. Aí, com certeza, você encontrará indicações mais reais e seguras daquilo que busca.

• **Não perca o foco**

A oportunidade ideal nem sempre surge quando, onde e nas condições que você espera encontrar. O importante é não perder o foco: simplesmente ser vitorioso e mais feliz no mundo do trabalho, realizando-se em uma área que você goste e que lhe ofereça sempre oportunidades de crescimento.

• **Não crie barreiras**

O mercado atual tem-se tornado cada vez mais globalizado e também carente de recursos inteligentes que ajudem a resolver os inúmeros problemas que se apresentam na atualidade e para um futuro próximo. O maior bem agora é o conhecimento, a competência do profissional e a capacidade de utilizá-lo com agilidade e acerto. Daí que limites de sexo, idade, área de trabalho, formação ou geografia tendem a desaparecer nesse cenário. Portanto, não crie barreiras imaginárias e sinta-se livre para ocupar o seu lugar naquilo em que você é realmente capaz.

- **Seja flexível**

Aprenda a distinguir teimosia de persistência e observe bem se não é o caso de repensar sua opção de uma situação ideal e mudar de rumo. Muitas vezes é preciso ser flexível, retroceder ou até mudar de percurso para alcançar o objetivo que se busca.

- **Prepare-se**

Um ditado comum diz que assombração sabe para quem aparece. Oportunidade também. E ela geralmente aparece para quem está preparado. Portanto, busque uma capacitação continuada, adequada e abrangente dentro da área que escolher.

- **Faça o que gosta ou goste do que faz**

O lugar ideal está sempre ligado a algo que você já gosta de fazer. Mas nem sempre é fácil conseguir que isso se transforme em sucesso e fonte de renda estável. Se não for possível, aprenda então a gostar do que faz. Também é uma boa opção para sentir-se feliz na vida profissional. Muitos já descobriram o sucesso por esse caminho.

- **Diminua a ansiedade**

Aprenda também a valorizar suas conquistas e a observar se a oportunidade sonhada já não é aquela onde você está. Isso vai ajudá-lo a diminuir sua ansiedade. Muitas vezes exageramos nas aspirações e descobrimos, tarde demais, que éramos felizes e não sabíamos...

• Faça acontecer

Nunca fique reclamando, culpando os outros ou esperando que as coisas mudem sozinhas. Assim é muito mais difícil e demora mais. Melhor é você buscar a solução por conta própria e fazer algo enquanto espera. Lembre-se de que somente no dicionário a palavra "sucesso" aparece antes da palavra "trabalho".

• Faça o melhor que puder

Em qualquer tempo e lugar, um bom produto ou serviço sempre atrai as atenções. Por isso faça sempre o melhor que você puder, esteja onde estiver. Essa é a melhor forma de atrair oportunidades e criar um caminho próprio de sucesso.

• Não desista

Os sonhos muitas vezes demoram a acontecer. Observe a vida dos grandes homens e vai comprovar isso. Então, tenha paciência e não desista. Insista e continue trabalhando. Você vai acabar encontrando um espaço ideal para atuar e sentir-se realizado.

Estratégia 2
ESTEJA PREPARADO

"Hoje o que manda não é o que fiz ou quem fui,
mas o que posso fazer daqui para frente na minha vida.
Não estamos mais na era do curriculum vitae
e sim do curriculum venturus, do curriculo do futuro,
que representa o sonho das pessoas.
O potencial do que a pessoa possa vir a realizar
no futuro é muito mais importante que o passado."

Fernando Dolabela

Atuando como consultor e educador, sou realmente apaixonado pelo meu trabalho. Sempre procuro dar aquele toque original e motivador nas diversas atividades que desenvolvo, em particular com meus alunos da faculdade. É bom para eles e é bom para mim também. Seguindo essa linha, certa vez, levei para a sala de aula um vídeo com uma das belas apresentações da conhecida orquestra Yanni, que leva o nome deste talentoso maestro grego. Suas produções são sempre grandiosas, elaboradas e contam com a participação de alguns dos melhores artistas do mundo, entre músicos e cantores. Inicialmente sem interferir em nada, deixei que a turma desfrutasse do espetáculo. Depois de um tempo, eu disse que havia ali um segredo relacionado com o mercado de trabalho. Quem descobrisse esse segredo ganharia um prêmio (geralmente chocolates que sempre trago na minha pasta). Em seguida, continuei a projeção do vídeo.

Desnecessário dizer que os alunos redobraram sua atenção e fizeram várias tentativas frustradas de encontrar o que eu queria que eles percebessem. A aula adquiriu mais dinamismo e o interesse cresceu, não tanto pelo prêmio, mas porque a maioria das pessoas gosta desse tipo de desafio. Aos poucos, com as contribuições do conjunto, alguns foram chegando mais perto da resposta. Finalmente alguém disse: "Já sei, professor: eles estão fazendo o que gostam. Olha lá, parece até que os músicos estão se divertindo. E, na verdade, eles estão trabalhando. Mas, estão felizes e estão deixando o público feliz também". No alvo! E aquele aluno ganhou o bombom acompanhado do alegre aplauso de todos.

Realmente, o resultado mais interessante no original trabalho daqueles profissionais da orquestra Yanni é que todos estavam felizes. Os que estavam trabalhando e também o público, ou seja, os clientes desfrutavam daquele momento em um mesmo nível de sintonia e vibração. E esse é um patamar muito raro de ser ver no mundo do trabalho, onde a atividade é geralmente encarada com reação e desagrado. Isso significa que os profissionais ali haviam atingido em conjunto o mais alto nível de profissionalismo que se pode esperar. Tudo isso consequência direta de um comportamento diferenciado de todos aqueles trabalhadores. Sim, eram homens e mulheres trabalhando. Como tantos outros, estavam ali realizando suas funções e ganhando seu sustento. Mas, vistos assim, naquele momento especial, não eram mais simples trabalhadores. Nesse estágio especial, superam-se os preconceitos sobre o trabalho e perde-se até a noção do esforço que a atividade demanda. O trabalho deixa, então, de ser esforço para transformar-se em um autêntico prazer, uma sensação de realização plena e também num sucesso garantido.

Tudo isso me lembra uma interessante estória que ouvi, certa vez, de um amigo do interior de Minas Gerais:

"No meio de uma tarde quente, uma pessoa passava por um caminho. De longe viu deitado, à sombra de uma frondosa árvore, um senhor idoso. Era um homem muito sábio, bastante conhecido na região por sua perspicácia e capacidade de ver as coisas de uma forma original. Quando passou por ele o caminhante comentou então: 'E aí, Fulano? Descansando, né?' Mesmo sem abrir os olhos, imediatamente o idoso senhor respondeu: 'Não, estou aqui trabalhando, meu amigo!' O homem não entendeu bem, mas seguiu seu rumo. Horas depois, quando passou novamente por ali, viu que o sábio não se achava mais deitado debaixo da árvore. Agora ele estava atarefado, arrancando ervas daninhas na bela horta que tinha ao lado de sua casa. Novamente o que passava se dirigiu a ele: 'Trabalhando, né Fulano?' Interrompendo sua atividade com as plantas, o velho sábio levantou a cabeça e respondeu alegremente: 'Não, amigo, estou aqui descansando!"

Trabalhar é uma atividade que naturalmente demanda esforço físico e inteligente. Mas, é fácil comprovar que, quanto mais inteligência colocamos na atividade, menos esforço ela vai demandar. Curiosamente, maior vai ser também a produtividade que ela terá. A produção cresce na mesma proporção da inteligência. Isso porque a inteligência sempre trata de buscar maiores recursos para cumprir as tarefas em menos tempo e com mais resultados. Então, o que realmente diferencia o nível de profissionalismo que cada trabalhador alcança não é o tempo de profissão nem o cargo que ocupa. O que o coloca num nível superior de realização é a capacidade inteligente colocada em seu trabalho, sintetizada na qualidade dos produtos e serviços que oferece aos clientes. Isso está diretamente ligado às competências que cada um acumulou na sua experiência e põe à mostra em sua atividade. E cada um deve ser consciente das próprias competências, do esforço que exigiu seu alcance, da sua abrangência e de como ampliá-las a cada dia. Essa consciência, inclusive, é que pode permitir-lhe repassar a outros o seu conhecimento. E é bom lembrar que todo aquele que adquire maiores níveis de excelência também pode cobrar mais pelo que faz e buscar melhores oportunidades para sua carreira, tal qual os músicos e cantores da orquestra Yanni. O essencial é estar em sintonia com as demandas do mercado e não abusar desse privilégio.

É a sutil percepção de Peter Drucker, que alerta sobre esse importante aspecto da capacitação individual: *"É muito fácil aprender qual é a sua capacidade examinando os resultados. E é preciso dizer que a maior parte de nós não sabe valorizar suas aptidões. Nós as tomamos por coisas dadas. Temos facilidade em fazer as coisas para as quais temos aptidão, mas acreditamos que se aquilo não for difícil de fazer, não pode ser bom. Não conhecemos nossa capacidade, nem aquilo de que necessitamos para melhorá-la"*.

Na natureza, estar forte, inteiro e preparado para enfrentar a luta da vida é um fator essencial exigido para todos, sem exceção. Qualquer deficiência representa uma desvantagem e um risco para a sobrevivência. Por isso mesmo, aquele meu peixe amarelo terminou morrendo no aquário. Embora tivesse lá um ambiente adequado para viver, ele não estava em perfeitas condições para sobreviver. Nas demais espécies da natureza, isso é apenas um fator físico. Para nós humanos, a sobrevivência, além do físico, envolve também o fator psicológico ou comportamental.

Levando isso para o universo do trabalho, podemos ver que o atual cenário está exigindo agora do trabalhador um perfil bastante diferenciado daquele que era pedido há alguns anos atrás. Todos os níveis de especialização subiram e, além das competências técnicas, hoje também se buscam, em paralelo, as competências humanas. Ambas não são específicas para cada área, mas um suporte poderoso e abrangente para realizar qualquer atividade com eficiência e esse diferencial de criatividade que todos apreciam. As especialidades técnicas são os conhecimentos necessários para fazer o trabalho com correção. Precisam ser desenvolvidas no aprendizado e na prática das funções profissionais. Já as competências humanas representam a excelência nos comportamentos e habilidades pessoais. Elas indicam uma maneira melhor para você se comportar no trabalho, relacionar-se com as tarefas, com o ambiente e as pessoas. A maioria delas são valores adquiridos na educação familiar ou então formados no esforço individual para melhorar as próprias atitudes.

Para sua melhor compreensão, estão indicadas abaixo uma lista e as explicações dessas competências técnicas e humanas que tanto profissionais como organizações da atualidade devem criar para aumentar a margem de êxito em suas atividades.

COMPETÊNCIAS TÉCNICAS

- **Capacidade de aprendizado**

Pode ser inata ou formada no hábito da leitura, do estudo, da prática orientada e da observação inteligente dos fatos. Mostra sempre essa disposição básica e o interesse para aprender coisas novas, superando os conhecimentos já adquiridos e aumentando a própria capacitação.

- **Sólida cultura geral**

Também chamada de conhecimentos múltiplos. Em princípio, depende do nível de escolaridade da pessoa, mas também é reforçada pelo conjunto de suas experiências e pela pesquisa constante em fontes diversas.

- **Pensamento estratégico**

Capacidade de perceber e planejar antecipadamente as ações no dia-a-dia, na carreira ou no trabalho. Isso tem a ver com a capacidade de planejamento das atividades e também com a visão de futuro. O pensamento estratégico pode ter a dimensão de tempo das 24 horas diárias, da semana, dos próximos meses ou anos e até mesmo ser projetada para toda a vida.

- **Saber receber, processar e repassar informações**

Uma trilogia de habilidades essenciais para todo profissional de agora. Na atualidade, é vital saber lidar com essa enorme diversidade de informações que chega até nós diariamente, saber trabalhar com eficiência sobre este material e depois dar a ele um destino inteligente, agilizando o ciclo natural da comunicação.

- **Polivalência**

Este é um valor bastante abrangente. Representa o desenvolvimento de competências múltiplas, ou seja, quando se sabe fazer muitas coisas ao mesmo tempo e em áreas diversificadas.

- **Fluência escrita e verbal**

Adquiridas no saudável hábito da escrita e da leitura ou também no aprendizado específico das técnicas de oratória e da comunicação profissional. Facilita enormemente os relacionamentos no trabalho, a criação da rede de contatos e também abre muitas oportunidades.

- **Capacidade de estabelecer *networking***

Habilidade de criar e manter uma simpática e ativa rede de contatos em suas relações no mundo do trabalho. Todo profissional na atualidade precisa investir no seu capital social, seja pessoalmente ou através do universo virtual.

- **Raciocínio sistêmico**

É uma percepção inteligente sobre o funcionamento integral da organização onde se trabalha, da área de atuação específica e, por extensão, também do mercado como um todo. No presente, não é mais possível o profissional estar informado e entender apenas da sua própria atividade, sem ter a visão dos processos de trabalho funcionando como um sistema integrado.

- **Disciplina, organização e objetividade**

Três valores essenciais, ligados à administração inteligente do tempo, que economizam recursos, agilizam as atividades e o atendimento aos clientes. Podem ser desenvolvidos na prática diária ou aprendidos em treinamentos especializados. Disciplina significa cada coisa no seu tempo. Organização é cada coisa no seu lugar. Objetividade é ter o foco na prioridade, na atividade mais necessária a ser feita naquele momento.

- **Conhecimentos de informática**

Hoje todo profissional deve conhecer o básico dos programas de computador e em particular os recursos específicos para sua área de atuação. Isso inclui também o adestramento para lidar e se comunicar pela *Internet*.

- **Domínio de idiomas**

Cada vez mais necessário nesse atual cenário globalizado, com destaque para o próprio português e também para o inglês e o espanhol.

COMPETÊNCIAS HUMANAS

• Ser humano antes de ser profissional

A pessoa, suas ideias e seus valores devem vir em primeiro lugar para orientar o melhor profissional que cada um almeja ser. Isso é o que evita desequilíbrios na carreira, facilita o desempenho nas tarefas diárias, melhora os relacionamentos e a qualidade de vida no trabalho.

• Autoliderança

Valor característico das pessoas com perfil de liderança. É o domínio inteligente do próprio espaço e a capacidade de gestão da própria vida em suas diversas áreas de atuação. O resultado é sempre uma maior agilidade mental, um maior equilíbrio como pessoa e um exemplo motivador para os demais, particularmente quando se atua em equipe.

• Controle das próprias reações

Habilidade extremamente importante na atualidade e essencial para controlar as manifestações negativas do comportamento individual, evitando reações desnecessárias, atritos e problemas de relacionamento no ambiente de trabalho.

• Flexibilidade para mudanças

É a capacidade de compreensão mais ampla e de adaptação inteligente aos incômodos, situações inesperadas ou adversas, relacionamentos difíceis, processos de mudança, novas atividades de trabalho e também transformações acontecidas no mercado como um todo. Extremamente útil para economizar tempo e outros recursos no ambiente competitivo da atualidade.

• Capacidade de avaliar pessoas e situações

Uma competência particularmente importante nas áreas de liderança. Permite uma melhor análise dos profissionais no trabalho de equipe e também fazer uma leitura mais acertada dos cenários organizacionais e de mercado. Possibilita ainda interpretar diferentes variáveis, relacioná-las e criar planos de ação estruturados.

- **Criatividade e capacidade empreendedora**

Valores vitais no mundo moderno, ligados à criação de novos recursos e iniciativas para resolver problemas, desenvolver atividades, implantar projetos e ideias inovadoras.

- **Habilidade de negociação**

Importantíssima para encontrar pontos de equilíbrio, conciliação e interesse mútuo nas relações interpessoais e de negociações no mercado. Transforma-se em toda uma área de trabalho vital dentro das organizações.

- **Capacidade de comunicação e diálogo**

Habilidade de criar e administrar um fluxo de informações mais fácil, produtivo e simpático para os diversos segmentos nas relações do trabalho. É uma qualidade particularmente importante nas áreas de liderança, onde é vital saber lidar com a diversidade, coordenar reuniões produtivas, repassar o conhecimento e facilitar o entendimento entre as pessoas.

- **Ética e transparência**

Valores que o mercado cada vez observa mais, tanto em profissionais como em corporações. Atualmente tem até certificação internacional para as organizações, a SA8000.

- **Saber lidar com exigências e pressões**

Valor que permite encarar com coragem, otimismo e equilíbrio as situações adversas. Em momentos difíceis, tendemos a buscar apenas os raciocínios de sobrevivência mais imediatos. Essa habilidade possibilita enfrentar dificuldades, resistências de pessoas e vencer os desafios de tarefas e prazos, tão comuns no competitivo mercado da atualidade. Contorna os problemas com mais facilidade e permite encontrar soluções inteligentes para eles.

- **Competência interpessoal**

Habilidade para lidar com a grande diferença de tipos psicológicos existentes hoje nos ambientes de trabalho ou no mercado global como um todo, criando ou administrando relações mais motivadoras e produtivas.

- **Responsabilidade**

Este é um comportamento que sintetiza valores. Representa confiança na própria capacidade, em particular agora, quando as empresas delegam cada vez maiores desafios aos profissionais, esperando que eles se comprometam com os projetos, cumpram prazos e metas e não decepcionem.

- **Visão perspectiva**

Também chamada visão de futuro. É preventiva e estimulante ao mesmo tempo. Permite antever, pela observação mais apurada, realidades possíveis na carreira, no trabalho, na vida ou no mercado, o que sempre motiva uma ação mais inteligente.

- **Habilidade para trabalhar em equipe**

Capacidade vital na atualidade, permite estar inserido de forma ativa como parte de um conjunto de pessoas que tem objetivos comuns. Facilita as relações, as tarefas a serem realizadas, a motivação e o alcance das metas.

- **Capacidade de fazer conexões**

É um valor voltado para o mundo globalizado. Permite transitar entre diferentes áreas e estabelecer boas relações com pares, fornecedores e clientes de diversas culturas. Isso desenvolve um maior traquejo social, capacidade de aprendizagem e também dá um olhar inovador para antigos problemas, possibilitando fazer comparações inteligentes entre diferentes realidades.

- **Equilíbrio entre as vidas pessoal e profissional**

Habilidade de não mesclar essas duas realidades diferentes, atuando com discrição e inteligência na sua administração.

- **Automotivação**

É uma habilidade que requer tempo, autoconhe-cimento e mudanças profundas de atitude. Permite ter entusiasmo e capacidade para administrar as próprias energias físicas e psicológicas, sabendo como mantê-las em alta, estimulando assim a si mesmo na realização pessoal e no trabalho.

Certa vez, um empresário amigo meu estava com problemas para contratar uma boa faxineira para seu escritório. Parece uma coisa simples, mas, na verdade, não é. Muitas dessas pessoas têm dificuldades para organizar e limpar os ambientes. Além disso, ele é exigente e as profissionais que passaram antes por lá não mostravam o perfil que ele queria. Foi então que, no processo de seleção, ele teve uma ideia bastante criativa e eficiente para encontrar a faxineira ideal. Colocou um anúncio no jornal com alguns quesitos básicos e, no dia marcado, lá estavam as candidatas. Ele mesmo iria fazer as entrevistas. Elas ficavam na recepção da empresa e a secretária ia indicando uma de cada vez para ser atendida. Sua sala era no final de um corredor que não podia ser visto da recepção. Assim, no meio do corredor ele havia deixado propositalmente uma vassoura caída no chão e, sem ser visto, ficava observando a reação das faxineiras. Praticamente todas elas passaram por cima da vassoura sem dar a mínima importância ao objeto. Apenas uma senhora de meia idade, com aparência simpática e decidida, achou aquilo estranho. Pegou então a vassoura e, depois de procurar um lugar para ela, terminou colocou-a em pé num canto do corredor. Esta foi a candidata selecionada para ocupar o cargo. Você saberia dizer por que foi ela a escolhida? Bem, nos meses que se seguiram, meu amigo comprovou que havia acertado na seleção. Fica aí, inclusive, a receita testada que talvez outros também possam utilizar com sucesso.

Quando queremos ser um profissional melhor no mundo do trabalho, tudo é importante para consolidar essa capacitação que devemos criar na própria experiência. Daqui para frente, porém, as competências humanas vão-se transformar no grande trunfo do mercado. É que existe uma significativa *comoditização* na formação dos profissionais, ou seja, eles estão ficando cada vez mais parecidos do ponto de vista técnico. Todos sabem fazer, mais ou menos, as mesmas coisas. Hoje, algumas organizações já nem consideram tão essenciais os cursos de MBA e pós-graduação ou a experiência internacional no currículo de quem está começando uma carreira. Isso porque, naquela ansiedade para conquistar o emprego dos sonhos, muitos jovens fazem estas especializações só para impressionar o mercado, o que acabou por se tornar um lugar comum. O diploma por si só pode acabar sendo apenas papel. Atualmente, conta muito mais pontos o conhecimento adquirido na experiência diária, o que verdadeiramente molda o trabalhador competente. Daí que muitas organizações preferem formar elas mesmas o profissional que buscam. Isso é sempre mais viável para as capacidades técnicas, o que se pode aprender em treinamentos e na formação orientada.

Porém, o que vai diferenciar mesmo um trabalhador do outro é a pessoa que cada um é, ou seja, o comportamento que tem ao realizar suas tarefas, a forma como se relaciona como outras pessoas, as atitudes que mostra nas diversas situações. E isso vem das competências humanas. Elas são mais difíceis de medir, porém garantem um desempenho acima do comum no dia-a-dia, fazendo que o profissional encontre satisfação pessoal no trabalho e aumentando a margem de resultados.

Essas qualificações comportamentais são mais relevantes ainda nas áreas de liderança, onde é preciso coordenar o trabalho de outras pessoas, comunicar-se melhor, entender e canalizar a diversidade de potenciais, motivar ideias e criar uma maior produtividade em equipe.

Daí que o novo protótipo do trabalhador não é mais daquele que apenas busca cumprir suas obrigações, mas sim, alguém que observa, pensa e atua melhor por conta própria. Por isso, as capacidades que agilizam a produtividade, resolvem problemas, melhoram o ambiente, deixam os clientes felizes e criam uma imagem positiva do negócio estarão em alta constante daqui para frente. Aqueles que não apresentarem esses valores comportamentais correm o risco de enfrentar grandes dificuldades para se manter ou progredir no mercado futuro.

Muitos jovens, por exemplo, reclamam não conseguir um emprego por falta de experiência. E também, por não estarem empregados, não conseguem a tal da experiência. Antes de cair nesse círculo vicioso do acomodamento, os novos candidatos deveriam prestar mais atenção às muitas oportunidades de capacitação que acontecem naturalmente no seu dia-a-dia. Até por serem jovens, eles têm muitos valores típicos dessa faixa etária que não deveriam ser descartados. É possível aprender muitas coisas essenciais cumprindo com dedicação e método as atividades escolares, fazendo pesquisas por conta própria, interessando-se por novos assuntos, cumprindo horários e compromissos pontualmente, realizando tarefas domésticas, criando novas formas de fazer as coisas, praticando economia individual com seu dinheiro, ajudando familiares e amigos a resolver problemas, sendo atencioso com as pessoas ou mesmo atuando em algum trabalho comunitário voluntário. São exemplos daquilo que pode ser a base de um excelente profissional no futuro. Experiência se alcança em tudo aquilo que demanda um esforço inteligente e continuado. Neste caso, um currículo poderia ser montado de forma funcional, privilegiando trabalhos realizados sem vínculo empregatício, habilidades, interesses e pontos fortes da pessoa. O importante é ser perceptivo sobre as verdadeiras demandas do atual mercado e resgatar as competências que estão inseridas no próprio quotidiano. Daí, é seguir em frente sem maiores receios rumo a seus ideais.

Podemos concluir que é mais inteligente você estar preparado para as oportunidades e não aparecer nenhuma, do que surgir uma oportunidade e você não estar preparado para aproveitá-la. Eis aí, então, nossa terceira estratégia para sobreviver na atualidade: *esteja preparado*, mostre uma capacitação integral em sua atuação no trabalho, tanto humana como técnica. Quem quer aprender mais e crescer sempre, vai chegar mais adiante, com certeza. Isso não é coisa para um dia ou uma situação isolada, mas um comportamento continuado e ascendente. E as corporações também devem seguir nesse mesmo rumo, mais em sintonia com as demandas do momento que vivemos. Têm de apresentar agora uma atitude mais atenta, ética, comunicativa, participativa em sociedade e com o foco nas pessoas, tanto dentro como fora de seus portões. É como diz o perspicaz escritor e futurista americano Alvin Toffler: *"O segredo do sucesso a longo prazo é a eficiência a longo prazo"*.

Estratégia 3
CONHEÇA O SEU UNIVERSO

*"Não planeje sua carreira apenas de hoje para amanhã,
mas, sobretudo, de amanhã para hoje.
isso significa 'visitar' o futuro,
vislumbrar como estará o mercado em que você atua e
descobrir o que você deve fazer hoje para
garantir seu diferencial lá na frente."*

Waldez Ludwig

Vocês já observaram como os seres na natureza conhecem muito bem o ambiente onde vivem? Eles percebem as mudanças de estação, sabem o que fazer em cada período, criam ou descobrem suas moradias, reconhecem suas fontes de alimento, sabem como se proteger dos predadores e intempéries. Enfim, se relacionam e se integram ao ambiente completamente. Em particular os animais exploram todas as possibilidades do local e cada um deles está permanentemente atento, colhendo, avaliando e transmitindo informações para os de sua espécie e até de outras, num exemplar trabalho colaborativo. Outro dia mesmo, assisti a um documentário em que macacos na selva amazônica enviavam sinais para todos os outros sempre que algum predador aparecia na área. A sobrevivência de cada um e também o crescimento do bando dependem dessa constante comunicação vital. No caso de profissionais e corporações, isso se traduz na nossa quarta estratégia: *conheça seu universo*. Isso significa ter um amplo conhecimento do mercado e fazer uma inteligente gestão deste conhecimento,particularmente no universo onde você está instalado.

No mundo do trabalho, ganhar dinheiro é, cada vez mais, uma consequência de escolhas acertadas na vida do profissional. E escolher corretamente é, na verdade, optar por aquilo que você gosta, acredita e faz bem. Para tanto, além de seguir sua vocação, é preciso antes informar-se ampla e adequadamente sobre o caminho que pretende seguir, além das possibilidades que o mercado oferece de capacitação e colocação nesta e em outras áreas paralelas. Atualmente no Brasil, por exemplo, o total de cursos oferecidos pelas faculdades está beirando os trinta mil, somando os cursos formais, o ensino à distância e os cursos de tecnólogos. Infelizmente, a qualidade do ensino não acompanha esse crescimento. Ainda é quantidade sem qualidade. Além disso, na prática do mercado, com a introdução das novas tecnologias e as novas demandas dos clientes, também tem aumentado a variedade de profissões oferecidas. Todo esse complexo panorama deixa particularmente os jovens bastante desorientados na hora de escolher uma profissão para seu futuro. E pode ter certeza de que estar atualizado e saber aproveitar as oportunidades são os dois fatores que impulsionarão ou retardarão carreiras nos próximos anos. O que vai mudar é a velocidade com que as coisas vão acontecer, consequência da evolução tecnológica e da competitividade no mercado, ou seja, vai aumentar a quantidade de concorrentes preparados para disputar as melhores vagas em um ambiente cada vez mais globalizado.

Ninguém conhece seu universo sem observar, entender e trabalhar acertadamente com as informações que recebe. É uma técnica válida na natureza e também no atual universo do trabalho. E as informações hoje são muitas e muito diversificadas. Vêm de todos os lados e com uma velocidade em tempo real. Se você não souber lidar com tudo isso, certamente vai se complicar. É nesse cenário dinâmico e mutante onde você deve descobrir seus rumos, pesquisar as oportunidades e testar seus valores profissionais. Além disso, saber trabalhar com todos esses dados é uma das competências mais valorizadas pelo exigente mercado de agora. Isso também ajuda a formar uma boa visão do futuro, onde as coisas serão ainda mais tecnológicas e desafiadoras. Não é o caso de ter uma bola de cristal para prever o que virá, mas informações atualizadas e uma percepção mais apurada do cenário podem dar-lhe essa agradável sensação de confiança sobre onde e como você vai estar mais adiante.

Estamos na chamada era da comunicação. O termo se deve particularmente à evolução e multiplicação dos recursos tecnológicos que nos permitem hoje uma conexão instantânea e global. E já dizia o famoso "Velho Guerreiro": "Quem não se comunica se *estrumbica*!". Todavia, é curioso observar que, apesar de todos os fabulosos avanços que invadiram definitivamente nossas vidas nas últimas décadas, as estatísticas mostram que os problemas de comunicação estão entre os que mais aparecem no ambiente das organizações. Para os profissionais que querem localizar melhor seu espaço e trabalhar com mais eficiência, isso certamente é uma limitação. O que acontece é que os dados nem sempre chegam, não fluem ou não vão para onde deveriam ir. Mas essas não são dificuldades ligadas às máquinas, que fazem isso hoje com extrema rapidez. Referem-se fundamentalmente a uma dificuldade humana, poder-se-ia dizer cultural, para saber lidar com a matéria prima básica da comunicação: as informações. Na verdade, ainda são poucas as pessoas que sabem recolher, processar e direcionar informações com critério apurado, correção e agilidade.

Por isso, ao mergulhar nessa busca que pode localizá-lo melhor no mercado, em sua área de atuação e em seus planos para o futuro, utilize técnicas que podem encurtar o caminho e acelerar o alcance de resultados. E lembre-se de que este deve ser um processo contínuo. Daí, defina isso como meta e esteja atento a tudo que se ligue aos seus interesses de saber mais. Em primeiro lugar, ao invés de ficar passivamente esperando que as informações cheguem até você, vá em busca delas. A atitude mais inteligente aponta para a iniciativa e a pesquisa em fontes diversificadas. *Sites*, cursos, universidades, empresas, livros, jornais, revistas, filmes, artigos, eventos, estatísticas, documentários e, acima de tudo, pessoas, podem oferecer um rico material para seu objetivo. E não é necessário ter pressa, mas sim, agilidade nesse trabalho, mantendo uma atividade constante.

Porém, mais que tudo, o essencial é saber ouvir, não só com os ouvidos, mas de forma integral, para poder entender corretamente o conteúdo das mensagens que cheguem até você. Significa estar atento e conectar o que está escutando ao que você já sabe. Isso é, em síntese, ligar os conhecimentos. Conhecimento atrai conhecimento. Além disso, ouvir corretamente sempre leva aos melhores dados e ainda evita guardar coisas inúteis, como é tão comum acontecer.

Observe ainda que a colheita de informações é também o melhor momento para avaliar e descartar o que não terá nenhuma relevância prática para o futuro. Com isso você vai desenvolvendo um critério de seleção mais apurado. Depois, o mais importante é ter uma percepção dos detalhes para ir fazendo correlações inteligentes com os dados e então estruturá-los de forma prática. Infelizmente, a maioria olha e não vê; vê, mas não entende e, quando entende, não faz as conexões necessárias para que o processo mental seja completo. O essencial, então, é fazer que as informações passem por nós e nos enriqueçam em conteúdo e forma, fluindo depois para cumprir sua verdadeira missão: transformar-se em conhecimentos e realizações efetivas. O destino das informações é transformar-se em conhecimentos. Por sua vez, os conhecimentos devem ser transformados em metas e ações inteligentes, reiniciando o ciclo. E quanto mais conhecimentos você tiver, maior será o seu potencial para uma produção criativa e útil. Por isso mesmo o guru Peter Drucker previu que o profissional do futuro será o profissional do conhecimento. O conhecido consultor americano Bill Jensen confirma toda essa visão ao afirmar: *"Conhecimento não é poder. Saber o que fazer com ele, sim"*.

Informações isoladas geralmente não têm valor. Para ganharem sentido e cumprir seu real objetivo, elas precisasm ser agrupadas e trabalhadas de forma inteligente, seguindo uma sequência lógica. A síntese desta tecnologia está apresentada no quadro a seguir, em suas três etapas básicas: recolher, processar e repassar as informações. Nesta trilogia podemos ver, em cada um dos blocos, as ações mais significativas de cada fase. A sequência mostra como a informação, recolhida primeiro em fontes diversas, é processada depois na experiência, transformando-se finalmente em conhecimento.

TRABALHANDO COM INFORMAÇÕES		
RECOLHER	**PROCESSAR**	**REPASSAR**
Informação	**Experiência**	**Conhecimento**
Instruções verbais e escritas	Consultar	Enviar
Documentos	Observar	Multiplicar
Telefonemas e mensagens	Ler e ouvir	Perceber
Dados e estatísticas	Avaliar	Responder
Correspondências e e-mails	Selecionar	Criar
Publicações	Organizar	Arquivar
Reuniões e encontros	Redigir	Juntar
Pesquisas	Corrigir	Transformar
Filmes e documentários	Correlacionar	Informar
Eventos educativos	Copiar	Inovar
Sites, blogs e redes sociais	Acrescentar	Conectar
Organizações	Copiar	Implementar
Profissionais especializados	Descartar	Enriquecer

Para quem quer buscar melhores oportunidades, é essencial saber pesquisar na área escolhida e ainda em áreas correlatas. E não coloque limites à sua busca. Seja amplo e esteja aberto a todas as possibilidades. Também deve ter uma visão especialista e generalista ao mesmo tempo. Os caminhos profissionais hoje se entrelaçam e você pode acabar encontrando sua oportunidade ideal em atividades, situações e lugares que não estão na sua lista de prioridades. Por isso é importante conhecer amplamente o espaço globalizado de agora e suas perspectivas. A cada dia elas se projetam mais em todas as direções. E os sintomas dessa visão diversificada despontam por todas as partes. Atualmente, por exemplo, muitas universidades americanas já incluem nas matérias de seus programas o estudo do português e da cultura brasileira. Isso acontece pela realidade de país emergente em que se vai colocando o Brasil, particularmente dentro do grupo chamado BRIC (Brasil, Rússia, Índia e China). O interesse em fazer negócios conosco e mesmo trabalhar dentro das nossas fronteiras cresce na medida em que a crise financeira se instala nas terras do Norte, principalmente nos países europeus. Essa realidade agressiva tem incomodado particularmente os jovens que aspiram por melhores condições de trabalho e renda. Nesse mercado globalizado, para diversas pessoas e organizações, não importa muito a colocação geográfica, língua ou situações diferentes que vão viver, desde que haja boas oportunidades de crescimento. Esse é um processo acelerado pelas facilidades dos modernos meios de comunicação, e só tende a crescer. Onde você estudou e exatamente o que estudou não é mais tão relevante. O que define o futuro de um profissional na atualidade é muito mais seu comportamento diferenciado. Isso determina seu potencial para fazer alguma coisa do jeito que ninguém mais faz e sua capacidade para ajudar a resolver os grandes problemas que preocupam a sociedade humana e se projetam para o futuro à espera de soluções inteligentes.

Pelo mesmo motivo, cada vez mais organizações de capital brasileiro e seus profissionais estão inseridos no contexto mundial. Milhares estão atuando lá fora. E isso vale também para as pequenas empresas. O porte já deixou de ser um impedimento para a expansão internacional. Vale mais a competência e a originalidade na inovação de produtos e serviços. Por isso, nesse novo ambiente globalizado, é preciso saber lidar com uma grande variedade de línguas, raças, costumes, maneiras diferentes de trabalhar e de fazer negócios. Em particular para aqueles que aspiram por oportunidades nesse mercado internacional, tornou-se um quesito fundamental adquirir uma mentalidade aberta a essa diversidade cultural. Para tanto, é preciso aumentar a dose de interesse, facilidade de comunicação, abertura para dar e receber, mobilidade geográfica, adaptabilidade às mudanças, capacidade para enfrentar dificuldades e, naturalmente, um bom conhecimento de idiomas.

E se você quer ter maior certeza do rumo que deve tomar, além das pesquisas diversas que deve fazer, o melhor é buscar pessoas que já atuam há mais tempo no mercado, especialmente na sua área de interesse. Nunca se deve descartar a experiência de quem a tem, pois é a amostragem viva e enriquecedora do que cada um observou e aprendeu em técnicas essenciais de excelência no trabalho. Você pode aprender com os acertos e também com os erros. Isso certamente economiza tempo, dinheiro e energia em qualquer situação. Em muitos casos, não é preciso reinventar a roda nem passar pelas mesmas dificuldades para encontrar seus caminhos.

Certa vez, atuando em um projeto de consultoria dentro de uma grande organização, cheguei a fazer cerca de 300 entrevistas com os empregados de todas as áreas da empresa. Entre as perguntas, havia uma que buscava levantar o nível de informação que cada tinha sobre o cargo que ocupava dentro da corporação, com base no mercado de trabalho. Curiosamente, pouquíssimos sabiam quais quesitos eram exigidos atualmente, que preparação era necessária ou quanto ganhavam outros profissionais naquela mesma função. Por já estarem empregados, a grande maioria simplesmente cumpria as tarefas indicadas. Havia-se acomodado e desconhecia o que estava acontecendo fora da sua rotina diária. Fiquei surpreso, pois nenhuma suposta condição de estabilidade justifica tamanha alienação. Todo profissional deve estar sempre a par de como ele está no mundo do trabalho. Deve estar sempre se questionando: "O que sei sobre minha área de atuação? Há crescimento ou redução de vagas no momento? Que competências eu possuo realmente? Qual meu valor no mercado? Que outras opções eu tenho? Quais minhas perspectivas futuras?" Mais do que nunca, é vital para o profissional de agora mapear sua própria situação e conhecer o universo onde atua.

Na verdade, atualmente, qualquer trabalhador, de qualquer área ou função, deve ser alguém também competente na atividade de buscar e permutar informações, tanto no seu próprio interesse quanto no interesse da sua empresa. E essa capacitação é válida para o uso das modernas tecnologias ou para a comunicação humana propriamente dita. Isso naturalmente exige o domínio de capacidades técnicas e comportamentais ao mesmo tempo, objetivando desenvolver atitudes facilitadoras da comunicação e evitar distorções desnecessárias. Significa, em síntese, a diferença entre estar, ou não, em sintonia com as profundas transformações que caracterizam esses novos tempos.

Entra aqui também a habilidade para criar e manter uma ativa rede de contatos, o chamado "*networking*", instalando uma comunicação cada vez mais frequente e produtiva entre pessoas. Hoje é essencial desenvolver esse capital social sendo mais comunicativo, aumentando seu círculo de relações de forma inteligente, visitando outras organizações, frequentando redes sociais, realizando trabalhos em equipes, participando de projetos comunitários e eventos ou criando encontros informais ligados, ou não, à sua área específica. Não é mais tempo de ficar envolvido apenas nos negócios e problemas diários dentro do escritório. Daí a necessidade de utilizar uma linguagem inteligível, aberta e simpática em suas relações. Hoje, o diferencial no mercado não é mais a força física nem o poder econômico, mas sim, o conhecimento. E conhecimento nasce das informações bem trabalhadas e transformadas pela prática em habilidades necessárias ao mercado. Na atualidade, quanto maiores e mais diversificados são os recursos de um profissional ou corporação, maior será sua capacidade de sobrevivência e crescimento dentro desse nosso "aquário".

Sintetizando, eis algumas indicações sobre a busca de informações e o conhecimento que você deve desenvolver dentro desse universo chamado mundo do trabalho:

COMO CONHECER SEU UNIVERSO

- **Diversifique**

Pesquise continuamente e em fontes diversificadas. Assim você se conecta melhor nesse universo globalizado, conhece melhor o seu espaço e o dos outros também. Daí, fica mais fácil encontrar o que você procura.

- **Amplie seus horizontes**

O atual mundo do trabalho se expande cada vez mais em todas as direções. Daí, quando pensar em oportunidades nesse universo mutante, não limite sua visão apenas à escolaridade, títulos, cargos, idade, sexo, áreas de atuação, locais, organizações, mercados ou países. Oriente-se mais pelas novas tendências, pelas novas necessidades das pessoas, pelos nascentes nichos de mercado e as novas oportunidades que estão surgindo.

- **Oriente-se pelos resultados**

Ao avaliar suas perspectivas, oriente-se, acima de tudo, pelos resultados da sua atuação profissional, sejam eles positivos ou negativos. Devemos aprender e evoluir com nossos acertos, mas também com nossos erros. Nesta avaliação, tenha em conta ainda as experiências de outras pessoas, em particular na sua área de atuação.

- **Esteja atento**

Particularmente nas áreas de sua preferência, esteja sempre atento e perceptivo aos acontecimentos que vão direcionando e mudando o panorama do mercado. Essas transformações globais e também locais é que vão criando novas oportunidades. Uma delas pode ser a que você está esperando.

- **Aprenda a ouvir**

Busque informações de forma ampla e abrangente. Mas saiba ouvir com inteligência, para interpretar com acerto as mensagens que chegam de todos os cantos embutidas nas informações.

- **Seja seletivo**

Em sua busca você vai encontrar uma grande quantidade e tipos de informações. Evite guardar o inútil. Aprenda a ter foco, seja seletivo e separe apenas o que vai ter importância agora e também no futuro.

• **Ligue os pontos**

Informações vêm de fontes diversas, mas, na maioria das vezes, estão fragmentadas. Buscar os pontos de conexão é como montar um quebra-cabeças. Aprenda então a juntar as partes para formar imagens acabadas e compreensíveis dos cenários de mercado. Daí, vai ficar mais fácil encontrar que você procura.

• **Procure na prática**

Mais que no mundo virtual, procure no mundo real suas melhores fontes de informação, em particular com pessoas e organizações que atuam nas áreas de seu interesse e podem mostrar caminhos e experiência úteis.

• **Crie sua própria rede**

Seja pessoal ou virtual, crie uma rede de contatos simpática, diversificada e inteligente. Será útil tanto para permutar informações com maior eficiência, para abrir oportunidades, bem como para ajudar a fazer suas escolhas com mais acerto.

Estratégia 4
ADAPTE-SE OU MORRA!

"Eu prefiro ser essa metamorfose ambulante,
do que ter aquela velha opinião formada sobre tudo.".

Raul Seixas

No início do século passado, certa região da Inglaterra tornou-se muito industrializada. Com o passar dos anos, os troncos das árvores ganharam uma cor mais escura por causa da fuligem das fábricas. Daí, certo tipo de mariposas brancas que viviam por ali começou a tornar-se presa fácil dos predadores locais. Apareciam demais naquele ambiente de troncos escurecidos. O que aconteceu, então? Gradualmente, a genética de algumas dessas mariposas foi sofrendo uma mutação, fazendo com que elas ficassem mais escuras, garantindo sua permanência no lugar. As mariposas brancas desapareceram, as mais escuras sobreviveram. Na natureza, as coisas são assim mesmo. Seja lá onde e como for, cada espécie sempre trata de encontrar as condições necessárias à sua sobrevivência. Quando essas condições mudam ou se tornam adversas, a adaptação é a única saída para permitir a continuidade da existência. Caso contrário, desaparece.

Essa regra essencial da vida é também uma regra fundamental no mundo dos negócios: *adapte-se ou morra!* A adaptação das organizações e profissionais ao novo cenário do mundo do trabalho se espelha no conceito darwiniano de evolução das espécies. Só sobrevivem aqueles que conseguem adequar-se às mudanças desse novo ambiente que tem sido criado nas últimas décadas. Assim como o homem vive nos mais diversos pontos do planeta, adaptado a variadas condições climáticas, políticas e sociais (muitas delas bastante adversas), também pode mudar seu comportamento e amoldar-se a essa exigente situação apresentada na atualidade.

Daí vem, então, nossa segunda estratégia de sobrevivência, válida tanto para pessoas como para organizações. É bom lembrar que adaptar-se não significa acomodar-se passivamente a qualquer situação, mas sim, buscar maneiras as mais inteligentes possíveis para sobreviver e mesmo crescer dentro do novo cenário que se formou. Isso significa ter uma posição essencialmente ativa, perceptiva, maleável, mutante. É preciso estar constantemente avaliando a própria atuação dentro do mercado e, se for o caso, mudá-la, parcial ou completamente. Mudar de função, de negócio, de situação geográfica, de produto ou serviço, de atividade, de mercado, de comportamento... Mudar, enfim. Até porque as opções hoje são muitas e em todas as áreas, o que permite movimentar-se com agilidade, buscando uma situação melhor para desenvolver-se. E não é mudar por simples modismo. É por sobrevivência mesmo. Pode não ser a melhor escolha para aquele momento, mas deve ser a melhor escolha para permanecer vivo no cenário atual e buscar outras possibilidades para o futuro. Muitas vezes é preciso paciência para esperar tempos melhores. Por isso é uma estratégia. O importante é continuar trabalhando. Devemos sempre pensar que não existe nada permanente, exceto a mudança.

A nova realidade, trazida pela tecnologia eletrônica para o universo do trabalho, não deixa opção para ninguém, em particular para os saudosistas e resistentes. Ou você se reinventa numa nova situação ou então desaparece, isolado com suas máquinas, processos, ideias ou comportamentos que acabaram tornando-se obsoletos nos tempos atuais. O mercado de agora tem novo cenário e novas regras. É mais virtual, mais global, mais interativo, mais dinâmico, mais ético, mais ecológico, mais exigente. Mais tudo. E mostra diariamente um sem-número de novos produtos e serviços, novas tendências, novas necessidades e novos problemas também. Enfim, não é necessariamente melhor, mas certamente é muito diferente do que já foi. Não está pronto, porém não vai mudar seu rumo. E exatamente por ser tão complexo, instável, seletivo e difícil, apresenta possibilidades ilimitadas para os empreendedores, para aqueles que são perceptivos e estão atentos aos novos rumos desse panorama em constante transformação. Há cerca de trinta anos, o guru Peter

Drucker já previu isso ao afirmar: *"Nas próximas duas ou três décadas, provavelmente assistiremos a transformações tecnológicas muito maiores que as ocorridas nas décadas que se passaram desde o nascimento do computador, e também a transformações ainda maiores na estrutura industrial, na paisagem econômica e, possivelmente, também na social".*

E você sabe o que faz uma lagarta? Se respondeu que ela come folhas, acertou. Na verdade, é só o que uma lagarta faz: come, come e come. Fica cada vez mais forte e se prepara para algo que vai acontecer. Ela mesma não sabe o que é, mas sua genética comanda as ações e a lagarta simplesmente obedece. Não é uma mudança voluntária. Ou ela muda ou morre lagarta. Essa é a primeira fase de um processo que vai transformá-la em outro animal, bastante diferente. Representa o antes, o passado neste processo de mudança. Numa segunda fase, a lagarta se envolve lentamente em um casulo que ela mesma constrói. Fica lá dentro um tempo, nesse misterioso e encantador momento da metamorfose. Isso representa o durante, o presente. Dias depois, já na terceira fase, nossa lagarta aparece, então, na inusitada forma de uma borboleta. Sai do casulo, seca suas asas e sai voando por aí. Vai viver agora sua nova vida. É o depois, o futuro no caminho da mudança. Podemos ver tudo isso sintetizado no quadro abaixo.

A METAMORFOSE EM TRÊS MOMENTOS

Lagarta	**Casulo**	**Borboleta**
Antes	**Durante**	**Depois**
Passado	**Presente**	**Futuro**

Assim como nessa alternativa na simples vida de um inseto, tudo mais que siga um processo completo de mudança terá essa mesma sequência: o antes, o durante e o depois. O passado, o presente e o futuro. O que foi, o que é e o que será. E isso acontece no grande ou no pequeno. São sempre os mesmos três tempos para tudo que necessita ou quer sair de uma situação e ir para outra, muitas vezes bastante diferente da inicial. É a tecnologia universal da transformação e pode ser descoberta na natureza em inúmeras realidades. É só você começar a observar mais detalhadamente as coisas. Daí que seja uma regra válida para qualquer tempo, lugar ou ser que necessite adaptar-se a uma nova condição. Então, se foi bom para uma lagarta, deve ser bom para você também. É aquela tal estória de ser uma metamorfose ambulante.

E você já mudou de casa alguma vez? Terminou um relacionamento? Ficou desempregado de repente? Passou uma temporada na cama por algum problema de saúde? Teve de reformular sua agenda diária por causa de algum contratempo? Ou então, participou da implantação daquele novo programa nos computadores da sua empresa? Em qualquer dessas situações e em inúmeras outras, você teve de enfrentar um processo de mudança. Foi fácil? Com certeza que não! Isso porque é exatamente aí que aparece aquela conhecida resistência às mudanças. Acontece na maioria dos casos, mas principalmente quando as mudanças são movidas pela necessidade, pela urgência ou pela autoridade de alguém. Aquele tal "por motivo de força maior". E essas resistências são reações causadas por rotinas, postura passiva, antigas formas de pensar e fazer as coisas, estruturas pouco flexíveis no ambiente, burocracia, apego às tradições, receio de estar enganado, receio do novo, medo do futuro, medo de perder qualquer coisa e por aí vai...

Mas, por que todas essas reações? Porque mudança dói, incomoda, traz insegurança, quebra nossa rotina, nos tira daquela cômoda zona de conforto que construímos ao nosso redor. Sempre há perdas na mudança e nenhum de nós gosta de perder. Por isso raramente alguém gosta de mudanças ou muda porque quer. Geralmente a coisa é forçada mesmo. E essa tal resistência à mudança mostra sempre posturas de rigidez, incompreensão, receios, intolerância e preconceitos. No fundo, são atitudes insensatas, sem fundamento que definem um estado de inadaptação e sempre nos colocam fora da realidade. Tudo ao contrário do que a natureza recomenda. Para muitos, a mudança é como se eles estivessem presos em uma moita de espinhos. Quando mais esperneiam, mais dói. Por isso, resistir às transformações necessárias só aumenta o sofrimento, faz perder tempo, adia decisões e atitudes, provoca reações negativas em nós e nos demais, pondo em risco nossa estabilidade física e mental. Nas empresas, quando essas resistências tornam-se coletivas, são muito perigosas, pois sempre causam prejuízos nos recursos organizacionais, sejam eles materiais, financeiros, humanos, tecnológicos ou mercadológicos. No caso dos profissionais, elas põem em risco seu conceito, suas relações, seu emprego ou suas oportunidades de crescimento.

Líderes experientes, quando vão implantar processos de mudança, já sabem antecipadamente que irão enfrentar esses obstáculos. Na hora em que a coisa aperta, é muito comum a turma fazer de conta que entende, que concorda, que muda, mas na verdade não quer adaptar-se à nova realidade criada. A explicação para este curioso paradoxo é uma só: ninguém gosta de mudanças. Geralmente só queremos as novas situações quando elas nos trazem vantagens. Fugimos do que vai dar trabalho ou nos retirar da mesmice em que estruturamos nossa rotina diária. Preferimos continuar na nossa zona de conforto, até que algo mais forte venha empurrar-nos para fora dali. Por outro lado, os resultados das mudanças quase sempre demoram a aparecer, o que sempre desmotiva as pessoas. O problema maior é que, em sua maioria, os processos de mudança nas corporações ainda são realizados "no tranco", carecem de um planejamento adequado. No melhor dos casos, tudo tende às ações isoladas que caracterizam uma campanha. Inventa-se um monte de reuniões, todos falam, aprova-se no papel, espalham-se informações, criam-se normas, a maioria faz teatro, mas, na prática, pouca coisa muda.

Isso tudo acontece porque as pessoas, na verdade, não resistem às mudanças, resistem a serem mudadas. Ninguém gosta de ser forçado a novas situações sem explicações e sem um preparo adequado. Pessoas podem tornar-se abertas para mudanças, mas querem autonomia de ação, desafios que lhes motivem, garantam desenvolvimento, qualidade de vida, reconhecimento e respeito profissional. O que se vê é que, quando surge a necessidade de alguma transformação nas organizações, geralmente fala-se demais, mas pouco se faz para que a transformação aconteça realmente e com tranquilidade. As pessoas confundem falar e planejar com fazer. Acham que discutir um problema é a mesma coisa que resolvê-lo, tomar uma decisão é a mesma coisa que implementá-la. Perda de tempo e de energia, pois não existe real adaptação a uma nova realidade sem uma mudança efetiva no comportamento, uma troca do modelo mental. E no competitivo cenário da atualidade, isso tem de acontecer cada vez mais rápido. Se você esperar demais, a concorrência passa na frente.

Resumindo: não há mudança sem mudança. As mudanças criam problemas porque exigem que as pessoas se adaptem a novas experiências. E sem esse conhecimento vivenciado pelo conjunto, fica mesmo difícil passar de uma situação para outra. Por isso, especialmente nesses momentos, as empresas têm de investir em preparo e capacitação de cima para baixo. Mudança nas corporações não é uma questão de democracia, mas de liderança. Jack Welch, o conhecido ex-diretor da GM, entendia bem toda essa realidade ao afirmar: *"Eu realmente acredito que as empresas que quiserem avançar e manter sua competitividade terão de ser flexíveis, adaptáveis e totalmente focadas em suas estratégias-chave. Terão de ser capazes de adaptar-se aos diferentes ambientes de negócios e saber enfrentar mudanças conhecidas ou inesperadas"*.

Bem, se as mudanças são inevitáveis (e são), o mais inteligente é acostumar-se com elas, aprendendo a equilibrar-se nesse ritmo acelerado e instável dos tempos atuais. Como as resistências são quase inevitáveis e sempre dificultam o caminho, o importante é mesmo um bom planejamento e uma atuação continuada para que esses problemas sejam superados. Isso porque mudança começa sempre de dentro para fora, e não ao contrário. É essencialmente comportamental, o que representa aprender uma nova maneira de pensar e de fazer as coisas, saindo do habitual. A técnica mais eficiente continua sendo, então, antecipar-se às mudanças. Como? Criando cada um suas próprias mudanças. São estas pequenas metas pessoais inseridas no dia-a-dia ou para serem concretizadas no curto prazo. Faça como se alguém tivesse encomendado algo a você e isso se transforma num exercício natural de planejamento e de automotivação. Assim você também avalia seus recursos e treina o comportamento a ser mais maleável, para quando a vida lhe criar outras necessidades maiores. É como começar a praticar exercícios físicos na academia. No começo tudo é difícil e dolorido. Depois o corpo vai-se acostumando e chega a sentir falta do novo ritmo alcançado. A mesma técnica pode ser aplicada a equipes de trabalho.

Daí que as melhores transformações não são aquelas forçadas pelas circunstâncias, mas as provocadas por própria conta, voluntárias, criadas na clara percepção de novos rumos e no objetivo de melhorar a vida em qualquer de seus aspectos. Nesses casos, cada um vai precisar do auxílio imediato da sua inteligência e vontade. Ambas irão elaborar os recursos necessários para retirar as pedras que sempre aparecem no caminho nesses casos.

Podemos perceber que, diante das mudanças, geralmente é a necessidade que nos empurra. Já a motivação puxa. Quase sempre nos movemos pela necessidade, levados à força pelos problemas do quotidiano. O melhor, então, é saber atuar com a motivação. Significa "motivos em ação". É uma energia de uso planejado, capaz de estimular atitudes positivas em si mesmo e nos demais, criando as condições necessárias para uma utilização mais inteligente do tempo e melhorias na qualidade de vida. No mundo do trabalho isso é mais do que simplesmente se adaptar a uma situação criada pelos diversos fatores que interferem no jogo do mercado. Daí que ser criativo e inovador na solução dos problemas está deixando de ser um risco, para ser o comportamento mais inteligente a se adotar nos dias de hoje. Na verdade, o sucesso geralmente se deve menos à nossa capacidade do que à nossa atitude.

E quando o processo de mudança tem de ser realizado em equipe, será sempre bom lembrar que ninguém muda ninguém. Porém, essa passagem pode ser bastante facilitada pelo exemplo e pela positiva ação didática de lideranças eficientes, que motivem e direcionem o trabalho do conjunto rumo a um objetivo comum, definido antecipadamente e conhecido por todos. Na verdade, a chave para otimizar o sistema é criar um bom ambiente corporativo. Daí que a melhor forma de lidar com a mudança coletiva é ajudar a criá-la. É mais acertado ter as pessoas andando com você motivadas do que estacionadas, de cara feia ou tomando o sentido contrário. Por isso, boas empresas e bons profissionais reagem rapidamente às mudanças. São perceptivos, estão atentos e se adaptam sem demora ao novo cenário. Porém, ótimas empresas e ótimos profissionais criam as mudanças. Não ficam esperando que a necessidade venha tirá-las da zona de conforto. São perceptivos, preventivos e preferem não atuar sob pressão. Isso mostra que é a ação, e não apenas o conhecimento, a grande vantagem competitiva nessa desafiante era da comunicação.

Seguindo a mesma sequência mostrada naquela transformação da lagarta em borboleta, observe a seguir essa trilogia básica de um processo de mudança voluntário, inteligente e planejado. Ele é apresentado em suas três fases vitais e tem seu respaldo na mãe natureza. Por isso mesmo, em sua essência, é uma tecnologia simples e pode ser utilizada em diversas situações, tanto individuais como coletivas. Tudo isso quando se quer realizar algo concreto e de valor, sem correr o risco de perder recursos ou desistir no meio do caminho por causa das dificuldades encontradas. O consultor americano Joel Baker, com sua percepção apurada, resume esses três momentos da mudança ao afirmar: *"Uma visão sem ação não passa de um sonho. Ação sem uma visão é só um passatempo. Mas uma visão com ação pode mudar o mundo"*.

A MUDANÇA EM TRÊS ETAPAS

PRIMEIRA ETAPA

Para adaptar-se a uma nova realidade, seja individualmente ou em conjunto, o correto é começar com uma troca de modelo mental. Isso é sempre necessário antes de querer mudar as coisas de lugar no mundo real. Por isso, a palavra-chave para essa primeira fase é uma só: preparo. Para tanto, é preciso saber aonde se quer chegar e, depois de tomar a decisão, fazer um planejamento o mais completo possível para garantir o êxito na experiência. Nesse momento é preciso estar assessorado por informações abalizadas, preparar a si mesmo ou a turma e levantar os recursos disponíveis. Ninguém muda de casa, por exemplo, sem saber com antecipação para onde vai, se tem dinheiro para o empreendimento, que despesas vão acontecer no percurso, se tem gente disposta a ajudar, quando vai ser e todas essas coisas que se necessita conhecer nessas ocasiões. Se for uma experiência em conjunto, é necessário também motivar e treinar aqueles que irão participar de tudo. Isso ajuda a superar os medos e as resistências antes de a coisa começar a andar e evita muitos problemas de percurso. É novamente o guru Peter Drucker quem nos alerta com aquela sua visão perceptiva e prática tão característica: *"A administração por meio de objetivos funciona quan-*

do, primeiro, se examina cuidadosamente os objetivos. Em 90% dos casos não se faz isso".

Esta é, em síntese, uma etapa de aprendizado, de conhecer bem o terreno onde estamos para planejar, então, com certeza, onde e como se pode chegar ao objetivo elegido. Se tivéssemos de definir um tempo característico para esta primeira fase, este seria o passado. Afinal, é no antes que se planejam as coisas. E todo passado deve transformar-se em futuro, através da realização do que se planejou com antecedência. E esta ação acontece no presente, na segunda fase. Quem não segue adiante, rumo a esse futuro a que se aspira, termina congelado no passado, ultrapassado no tempo e nas ações. Por isso, o estado da matéria mais característico desta fase é o sólido, que indica moléculas muito juntas, falta de mobilidade, densidade alta, pesado, estático.

SEGUNDA ETAPA

O passo seguinte significa a experiência da mudança propriamente dita. É a travessia pela ponte da luta para uma nova situação, o esforço para adaptar-se à posição a que se aspira para o futuro. Neste caso, não basta saber, é preciso também praticar; não basta querer, é preciso também agir. E isso se alcança com uma atuação continuada e inteligente até alcançar o objetivo. Tudo depende diretamente do planejamento que se fez na primeira etapa e vai exigir agora um grande controle da situação. Vamos encontrar nesta fase muitas confirmações sobre as informações que se tinha antes. É o momento ideal para conhecer melhor as pessoas e os fatos. É hora também de investir os recursos acumulados no primeiro momento e caminhar para a ação, implementando sem adiamentos a realização da meta definida. Como diz um antigo provérbio chinês: *"A jornada de milhares de milhas começa com um simples passo".*

O tempo característico para esta fase é o presente, o que indica o momento energético do esforço, da atividade para alcançar a meta, de concretizar o que se planejou no passado e partir rumo ao futuro que se quer. O estado da matéria mais representativo neste caso é o líquido, quando as moléculas já estão mais separadas pelo calor da ação, ganham mobilidade e se movem naturalmente na busca de novos caminhos.

TERCEIRA ETAPA

A etapa final culmina o processo e deve transformar-se num momento de conquista. O conhecimento vai ser, então, uma consequência direta das informações levadas à prática na experiência. As pessoas devem ter superado aí seus receios mais elementares e terão maior certeza das coisas. A confiança alcançará níveis mais elevados nas relações e nas ações futuras. É o tempo de fazer uma avaliação sincera, revendo os problemas de percurso para não os repetir. Deve-se também fazer um registro correto do que foi vivido, predispondo-se ainda para novos desafios, porque eles certamente virão. Os resultados alcançados levarão as pessoas a ter mais energia e motivação, a ser mais e a querer mais. Finalmente, é um tempo de comemorar o sucesso do trabalho realizado, individualmente ou em grupo, mesmo que o resultado seja parcial. Em alguns casos, deve-se ter a paciência necessária para esperar pelos êxitos, que nem sempre surgem imediatamente. E tudo que se acumulou na experiência já é um conhecimento que pode ser repassado para outros como aprendizado. Já diz sabiamente o escritor mineiro Fernando Sabino: *"No fim dá tudo certo. Se não deu, é porque ainda não chegou no final"*.

O tempo dessa etapa é o depois, o futuro, o que sempre representa o foco das nossas aspirações. Seu estado característico é o gasoso, onde as moléculas estão muito mais separadas e cheias de energia acumulada pelo calor da transformação. Ocupa maiores espaços, criando uma situação mais leve e sutil em sua manifestação.

Podemos observar que os processos de mudança vitoriosos mostram sempre essa trilogia das três fases, movendo-se em sequência e de forma integrada. No seu ideal, tudo isso deve seguir um mecanismo cíclico, dinâmico e ascendente. Assim transforma-se num movimento inteligente, em espiral onde, ao repetir-se a mesma atividade, existe uma superação do já realizado. A atividade pode até mudar, mas o ritmo deve ser mantido ou até acelerado. Qualquer interrupção pode significar um retrocesso. É como subir naquele pau de sebo das festas populares de antigamente. Parou e já começa a descer. Por isso, profissionais e organizações que alcançaram um nível diferenciado de realização não podem contentar-se com apenas um resultado de sucesso. Eles devem manter o ritmo repetindo, ampliando e diversificando os movimentos, motivando as pessoas e produzindo sempre novos e melhores produtos ou serviços. Da mesma forma, se há um bom trabalho de equipe sendo realizado, quando este termina, já deve existir outro planejado pela liderança e aceito pelo conjunto, para dar continuidade ao movimento e evitar que se perca o ritmo, o tempo e a energia acumulada. É o que um bom técnico deve fazer com seu time neste momento. Logicamente, todo esse mecanismo exige um preparo antecipado, um grande controle das coisas e cria uma evolução permanente. O segredo de tudo é não parar, seguindo o exemplo da mãe natureza, que nunca interrompe o eterno giro dos seus processos. A vida se apoia exatamente nisso. Qualquer dúvida, é só ficar observando aquele curioso ir e vir das ondas do mar.

Daí, fica mais fácil entender também o mecanismo de crescimento das empresas de sucesso, o processo de formação dos bons líderes e também da criação de equipes vencedoras. Na verdade, tudo que tende a sair de uma etapa e alcançar outro patamar de realização segue por este mesmo caminho, passa por essa mesma trilogia essencial. O esquema a seguirmostra como funciona essa sequência integrada e dinâmica das três etapas de um processo de mudança.

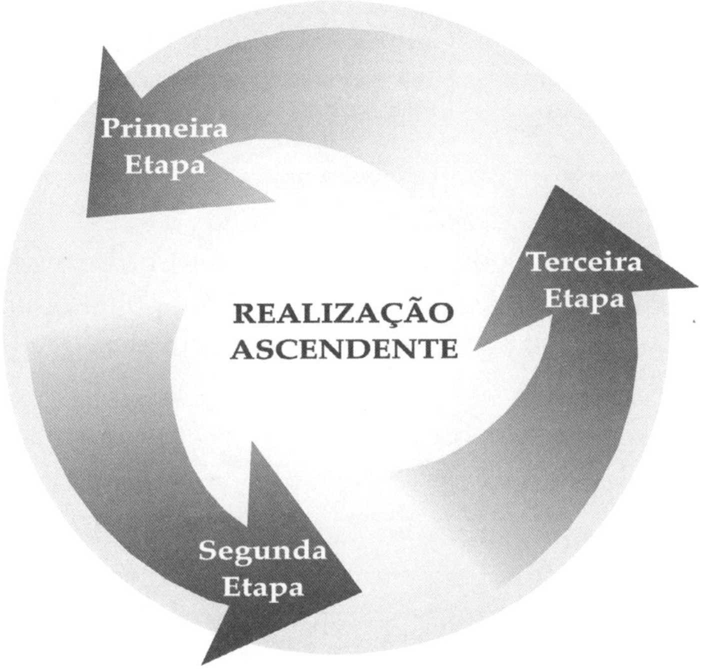

Observe agora, no quadro seguinte, a correlação existente entre essas três etapas. Elas representam de forma mais detalhada todo esse mecanismo inteligente de um processo de mudança. Colocados lado a lado, em sua sequência vertical ou horizontal, os itens mostram uma sequência lógica do que acontece em cada fase e nas três como um todo. Isso acontece quando os esforços são continuados, culminando sempre no vitorioso momento final. Veja, por exemplo, que, na primeira etapa, necessitamos buscar informações para nos orientar. Depois essas informações devem ser levadas à prática para serem confirmadas. Posteriormente se alcançam conhecimentos básicos quando as informações do início já foram testadas na experiência. Daí, é só fazer o mesmo com os demais itens da sequência. Isso irá facilitar em muito o entendimento de como se adaptar com inteligência, realizando as mudanças com maior margem de sucesso.

TRES ETAPAS DO PROCESSO DE MUDANÇA

PRIMEIRA ETAPA	SEGUNDA ETAPA	TERCEIRA ETAPA
Buscar informações	Experimentar	Alcançar conhecimentos
Fazer questionamentos	Confirmar	Ter certezas
Levantar recursos	Investir recursos	Ter maiores recursos
Criar motivação	Realizar	Querer mais
Superar reações e medos	Controlar	Ter mais confiança
Tomar decisão de mudar	Lutar	Comemorar
Criar metas	Implementar metas	Avaliar experiência
Melhorar comunicação	Trocar informações	Dividir conhecimentos
Treinar	Acionar	Registrar resultados
Aprender	Fazer	Ser
Planejar	Executar planejado	Observar avanços
Conhecer	Praticar	Ensinar a outros

Estratégia 5
NÃO FIQUE PARADO. MOVA-SE!

"Curiosamente, conseguir agir é um dos maiores desafios enfrentados pelas organizações e pelos profissionais atualmente. É a ação, e não apenas o conhecimento, a vantagem competitiva da Era da Informação".

Jeffrey Pfeffer

Há espécies na natureza que, para sobreviver, agem em grupos. É uma estratégia inteligente que ainda vamos ver mais adiante neste livro. A mesma experiência também existe no mundo do trabalho, onde atualmente é fator vital saber trabalhar em equipe. Entretanto, mesmo fazendo parte de um grupo, isso jamais anula o valor da atuação individual inteligente e efetiva. Ela ainda é soberana e, de modo algum, representa isolamento ou egoísmo. Embora seja mais difícil, sempre existirão aqueles que preferem resolver sozinhos os problemas da sua sobrevivência e crescimento. E, cada vez mais, não dá para ficar esperando que a motivação para as melhoras venham de fora, de outras pessoas ou outros fatores. Portanto, *não fique parado. Mova-se!* Aprenda a bastar a si mesmo, ser independente, descobrir seu potencial, tomar à frente nas coisas e investir no desenvolvimento da sua própria carreira ou empresa. Isso também é um dos fatores essenciais à sobrevivência, pois até para receber ajuda você precisa tomar a iniciativa e não apenas, como fazem muitos, ficar comodamente esperando por ela. É como diz aquele conhecido dito popular: *"Deus ajuda a quem cedo madruga"*. Daí nossa quinta estratégia ser um fomento à atitude empreendedora individual.

E já que sempre buscamos a natureza como fonte de inspiração, o que você faria se estivesse perdido e sozinho no meio de um deserto? Mesmo que conhecesse regras de sobrevivência, ali não existem trilhas prontas nem mapas. Pelo contrário, a aparência e localização das dunas mudam de uma hora para outra. Você poderá utilizar apenas os recursos e conhecimentos que possui, precisará estar atento a tudo, terá de descobrir seus próprios caminhos e buscar todo tipo de ajuda que puder conseguir. Pois essa é a imagem mais próxima que podemos fazer da maioria dos empreendedores no atual mundo do trabalho.

Empreendedorismo não é necessariamente o ato de criar empresas, mas, acima de tudo, de assumir uma postura individual e ativa frente à própria carreira. Como conceito essencial, é um claro compromisso com o desenvolvimento de si mesmo e dos demais, transformando-se no principal motivador de ideias e projetos que transformam a vida das pessoas e da sociedade. O comportamento empreendedor não é simplesmente a coragem para abrir um negócio, mas está intimamente ligado à criação de novas oportunidades, ao desenvolvimento de produtos e serviços inusitados, à descoberta de nichos de mercado ainda inexplorados, a maneiras diferentes de trabalhar e de ver as coisas. Os empreendedores têm um papel singular nos processos produtivos diferenciados, na criação de riquezas, no melhoramento da qualidade e das condições de vida em geral. São visionários, obcecados pela inovação. Têm entusiasmo, brilho nos olhos, visão de futuro e percepção apurada. Enxergam oportunidades onde a grande maioria simplesmente não vê nada. Sempre avançam criando uma teia de colaboradores e sua recompensa, além do lucro, é ver seu sonho realizado. Concebem o mundo tal como diz o escritor português Fernando Pessoa: *"Sou do tamanho do que vejo e não do tamanho que eu tenho"*.

Na realidade, o grande problema que estamos vivendo hoje no universo do trabalho não é uma crise de empregos, mas uma mudança do modelo mental. E esta continua uma situação inexplicável para grande parte dos profissionais, e tem seu maior impacto em milhares de jovens que chegam ao atual mercado ainda envolvidos naquela antiga ilusão de sobrevivência e segurança sob a proteção do vínculo empregatício. Infelizmente não foram educados para serem criadores, mas apenas buscadores de emprego. Não perceberam que, daqui para frente, essa tradicional situação – tal como nossos pais e avós vivenciaram – estará cada vez mais restrita. Como comenta o consultor e escritor Ricardo Neves em um de seus artigos:

"O problema é que, nesse mundo novo, as oportunidades não estão onde costumavam estar. E nosso sistema de formação de jovens se encontra obsoleto e divorciado da realidade. Não se trata meramente da qualidade do ensino. O sistema está distante das demandas do mercado de trabalho e demora tempo demais para formar jovens nas atividades que vão sendo requeridas. Forma-se então um paradoxo. As empresas procuram trabalhadores, mas não aqueles que estão procurando as empresas".

Rosabeth Moss Kanter, a conhecida professora da Universidade de Harvard, foi a primeira a utilizar o termo empregabilidade com o significado de "condição de tornar-se empregável". Hoje, porém, com as enormes transformações ocorridas no mundo no trabalho, este termo terminou ficando inadequado. Hoje deve ser entendido mais como capacidade de aumentar as chances para obter trabalho e renda, porém sem aquela preocupação com o vínculo empregatício.

E, se o cenário mudou, o comportamento de profissionais e corporações, em consequência, também deveria mudar. Mas, na maioria dos casos, não é o que acontece. Um bom começo seria entender que a palavra trabalho não é sinônimo de emprego. Muito menos agora no novo cenário que se instalou. Para quem procura oportunidades nesse momento instável e competitivo, agora é preciso mais que simplesmente sair distribuindo currículos à cata de uma colocação de estabilidade. As organizações não estão mais à procura de meros empregados e, sim, de parceiros: pessoas capacitadas, talentosas, criativas, empreendedoras, que mostrem sinais claros de autoliderança e um equilíbrio inteligente em suas qualidades técnicas e humanas. A organização atual passou a ser o canal de investimento do talento, não a simples compradora de horas de trabalho. Isso significa que a remuneração por tempo de serviço passa a ser substituída pela recompensa por resultados obtidos, seja com vínculo empregatício ou não.

Com isso, as tradicionais conquistas trabalhistas estão cada vez mais limitadas e fadadas a uma gradual extinção na nova situação global que se apresenta. Nos países desenvolvidos o índice de emprego também só tem caído nos últimos anos, provocando uma onda de protestos e criando situações agressivas para grande parte dos trabalhadores. E isso atinge em particular os jovens, que encontram agora muito mais dificuldades para começar ou se manter nesse diferenciado e exigente mercado de hoje. Qualquer dúvida, é só ver o que está acontecendo na zona do euro e também nos Estados Unidos. Na verdade, é uma curiosa inversão no equilíbrio de forças do panorama econômico mundial, onde é possível prever, para os próximos anos, que o desemprego permanecerá alto nos países ricos enquanto mostrará índices decrescentes nos países em desenvolvimento.

No Brasil, por exemplo, apenas cerca de 52% dos profissionais atuam hoje inseridos na legislação trabalhista em vigor, ou seja, através de um contrato social formalizado entre indivíduo e organização. E isso acontece não tanto por influência das crises mundiais ou de medidas do governo, mas pela poderosa interferência de todas essas transformações trazidas pela tecnologia eletrônica. Daí que a carteira de trabalho assinada, com todos aqueles os benefícios atrelados a ela, está deixando de ser uma regra para ser exceção. No futuro, será uma possibilidade cada vez mais remota. Como afirma José Pastore, pesquisador da USP e autoridade nas relações do trabalho: *"Esses vínculos entre pessoas e organizações terão, cada vez mais, diferentes formatos, liberados da antiga legislação que ainda vigora"*. Nossa ultrapassada legislação nesta área, ao invés de facilitar as coisas, termina mesmo é na contramão do aumento de empregos, situação agravada pelo sistema educacional, ainda antigo e em desacordo com as demandas do atual mercado. Hoje, até nos escalões mais baixos, os empregados estão tendo de lidar com uma complexidade cada vez maior no desempenho das suas funções, inclusive porque os clientes estão mudando a forma de comprar, tornando-se mais exigentes e fazendo maior uso da *Internet* e das tecnologias móveis.

Por isso, apesar do enxame de universitários formados a cada semestre, inúmeras vagas ainda não são preenchidas pela falta de profissionais capacitados para ocupá-las. Presos ao sistema do vestibular, os jovens no nosso país fazem muito cedo sua opção por uma carreira. No percurso, muitos desistem, mudam de curso e, mesmo assim, a maioria que se forma termina despreparada e sem uma visão amadurecida do que é necessário para ter sucesso na empreitada profissional. A verdadeira capacitação acaba mesmo vindo à força, na prática profissional e na instrução complementar dada pelas próprias corporações para suprir as deficiências. Mas isso é muito pouco para atender essa demanda crescente das organizações por melhores profissionais. Porém, a questão hoje não é só de qualidade e, sim, de quantidade também. E esse "apagão" de mão-de-obra especializada só agrava o problema do déficit de colocações no mercado de trabalho, em particular no nosso país. É uma contradição curiosa que mostra dois polos: de um lado, desempregados precisando de vagas e, de outro, vagas que não são preenchidas pela falta da capacitação necessária.

Inegavelmente, é um ambiente novo e de situações inusitadas acontecendo ao mesmo tempo. Pela primeira vez na história, por exemplo, as pessoas jovens sabem mais que as velhas sobre a maior inovação do momento: as mídias sociais. Embora isso favoreça práticas como o trabalho a distância e a criação de novas tecnologias, a pouca capacitação e inexperiência também atuam como freio às aspirações de colocação no mercado. Por outro lado, também cada vez mais pessoas permanecem saudáveis, capazes e produtivas bem depois da idade tradicional de aposentadoria e querem continuar a trabalhar, seja pelo dinheiro ou pelo prazer de desenvolver uma atividade. Também as mulheres têm acorrido em massa para o mercado de trabalho, mas ainda encontram muitas disparidades nos ganhos e nas funções, além de um "teto de vidro" no caminho das suas aspirações pela igualdade de direitos comparativamente aos homens. Enfim: mudanças, mudanças e mais mudanças nesse nosso "aquário", onde todos querem garantir o seu lugar.

Longe de ser causa, as atuais crises financeiras mundiais são apenas um tempero a mais nesse caldeirão das transformações. Não é uma visão fatalista, mas uma realidade que só vem comprovar aquela famosa máxima: nada é para sempre. Para a maioria, os efeitos negativos de tudo isso têm trazido apenas grandes receios, desmotivação, desemprego e dificuldades. Para uns poucos, porém, esse cenário de mudanças mostra-se como caminho para melhorias e crescimento. Numa escala maior, é o que acontece, por exemplo, com a curiosa expansão do mercado *on-line* para trabalhadores *freelances* em alguns pontos do planeta. *Sites* como o *oDesk*, o *Freelancer* e o *Mom Corps* (este último para mulheres profissionais) mostram que tem havido uma demanda crescente por pessoal temporário e está se tornando mais fácil, a cada dia, levar atividade para trabalhadores geograficamente distantes. No fundo, esse processo de terceirização também é consequência direta da globalização e das inovações na tecnologia da informação, as duas grandes tendências que estão em curso há algumas décadas, movendo gradualmente o espaço global para um mercado único de trabalho. Aliado a outros fatores, tudo isso também provoca mudanças fundamentais e de longo prazo na economia mundial, alterando a vida de uma multidão de trabalhadores e a estrutura do mercado como um todo.

Na verdade, o profissional de hoje, empregado ou autônomo, jovem ou maduro, homem ou mulher, precisa entender claramente o que está acontecendo nesse ambiente contraditório, mutante e exigente que se criou. Não é mais tempo de ficar apenas esperando que empresas, entidades ou governos façam a coisa certa. Mais que a antiga visão de apenas usufruir de segurança e vantagens, as pessoas devem buscar agora sua própria realização no trabalho pelo aumento da capacitação prática, maior percepção das possibilidades, mais responsabilidade e uso inteligente dos recursos tecnológicos em função dos novos rumos que se criaram. O essencial é fazer com que todas essas transformações atuem a nosso favor, e não contra. Portanto, se você quiser conservar ou expandir suas chances de sobrevivência na atualidade, deve avaliar constantemente seus conceitos, seus conhecimentos e informações, sua rede de contatos e também seu comportamento no mercado. Em síntese: deve melhorar amplamente seu nível de profissionalismo.

E agora, nessa competição globalizada, é preciso ter o foco voltado para os clientes em potencial, para as necessidades das pessoas e de grupos sociais que estão surgindo, descobrindo novas demandas e antecipando-se ao que está por acontecer. Isso exige percepção, saber interpretar as informações e estar preparado para aproveitar ou criar oportunidades. Você sabia, por exemplo, que atualmente, nos grandes centros urbanos, um terço da população já é de pessoas que moram sozinhas? Descasados, solteiros, estudantes, idosos, profissionais em ocupações temporárias, e outros segmentos que mostram demandas muito especificas em serviços e produtos. Também novos ricos que têm pouco tempo livre ou filhos pequenos, cada vez mais vão necessitar de auxiliares domésticos especializados. Ou, conforme mais e mais pessoas vivem até uma idade avançada, cresce na mesma proporção o mercado para cuidadores de idosos. E por aí vai... Situações novas, incomuns, porque o mundo apresenta um novo panorama e devemos nos adaptar inteligentemente a ele. Tudo isso muda radicalmente a forma como encaramos o universo do trabalho até aqui e cria nichos de mercado inusitados nos mais diversos rumos, todos, porém, muito mais exigentes que no passado. É bom destacar ainda que algumas dessas funções, apesar de não pedirem formação acadêmica, podem ser muito bem remuneradas, em particular para trabalhadores independentes, grupos ou empresas com maior nível de capacitação e confiabilidade.

Na verdade, hoje é preciso buscar soluções incomuns para questões à nossa volta, encontrando novas ideias para velhos problemas, melhorando a qualidade de vida do mundo atual e do futuro. É visível que as dificuldades têm crescido em todas as áreas, particularmente nas grandes cidades. Vemos isso no transporte, nas moradias, nos serviços, no lazer, na educação, na saúde, na segurança, nos meios de comunicação, nas organizações, nos governos, nas relações entre pessoas, comunidades e países. Enfim, todos os problemas cresceram, atingindo hoje níveis preocupantes e uma dimensão global. O que não tem aumentado na mesma proporção é a nossa capacidade para resolver essas questões. Por isso há uma demanda crescente por profissionais e organizações que queiram e saibam solucionar problemas. Saber resolver problemas está na moda daqui para frente. Com certeza, o mercado do futuro vai necessitar cada vez de mais pessoas inovadoras, com iniciativas, ideias e criatividade, enfim, com essa preciosa capacidade empreendedora. E vai remunerar muito bem essas competências. Certo é que sair da mesmice, da rotina, do previsível, ser original, ousado, visionário está deixando de ser um privilégio de alguns para se tornar obrigação de todos nesse novo mercado que desponta. É um claro fator de sobrevivência e também de crescimento para profissionais e empresas na atualidade. Estudioso do assunto, o conhecido professor Gary Hamel afirma: *"Quem quiser prosperar nessa nova era precisará fazer mais do que simplesmente extrair algumas gotas de riqueza das estratégias de ontem. Os revolucionários não liberam riqueza, criam riqueza. Não são representantes: são empreendedores. Fazem mais do que meramente conservar: eles constroem".*

Individualmente isso se torna uma necessidade no momento. Mas como se motiva esse comportamento empreendedor no coletivo, dentro das organizações? Muitas vezes, grandes resultados podem surgir de pequenas mudanças, mas quem determina a transformação no todo é sempre a soma das mudanças individuais. Por isso é preciso ter boas lideranças e dar condições para um verdadeiro trabalho de equipe, criando um ambiente saudável, propício ao aprendizado continuado e onde os colaboradores sejam capacitados a participar de verdade nos processos. Eles devem saber o que precisa ser feito sem necessidade de pressões e do excesso de controle. Isso é dar agilidade e autonomia para a turma. E a única forma de motivar os funcionários nessa direção é fazer que as metas da organização os ajudem a atingir suas metas individuais. As pessoas se esforçam muito mais quando estão envolvidas em projetos criativos e úteis, que não só beneficiem o cliente, mas também a elas como profissionais. Elas precisam sentir que as atividades que desenvolvem estão aumentando sua capacidade e, consequentemente, sua continuidade nesse tão competitivo mercado de agora. Na verdade, embora reduzidos em número, os empregos não estão necessariamente desaparecendo. Como tudo, também eles estão mudando. Mudança geográfica: para onde o custo é mais barato. Mudança de natureza: mais dinâmica, criativa e inteligente. Mudança de estilo: mais focado nas necessidades e satisfação dos consumidores.

Ainda assim, a organização já não é mais tão responsável pelo progresso do empregado como no passado. A tradicional relação entre empregadores e empregados pode ser quase comparada a uma relação entre pais e filhos. Antigamente você podia deixar nas mãos da corporação a tomada das grandes decisões sobre sua vida e seu futuro no trabalho. Agora o mundo está caminhando para uma relação mais entre adultos. Cada um deve sentir-se livre e responsável pelos rumos da sua carreira. A cada dia, o sucesso do profissional é medido por seu compromisso com a excelência, por sua maior objetividade na visão e nas ações (pensar e fazer), pela capacidade de transformar ideias em soluções, de resolver problemas com eficiência, de apresentar resultados rápidos, de inovar, de ajudar a construir cenários positivos no ambiente de trabalho e de produzir encantamento nas relações com o cliente. Com o processo produtivo manual sendo substituído pelas máquinas, o destaque agora vai ser para as pessoas que apresentem as qualidades humanas mais essenciais. As competências técnicas equivalem ao *que* você faz; as competências humanas equivalem ao *como* você faz. E, daqui para frente, esse "como" ganhará sempre maior importância na ordem das coisas.

Com isso fica claro que o papel das pessoas agora é independer-se e produzir novas ideias, ao invés de mostrar-se simples "mão-de-obra". Daí que o futuro do trabalho não será das pessoas que apertam os parafusos, mas sim, de quem cria um novo processo pelo qual os parafusos serão apertados. O maior capital das empresas passa a ser definitivamente o capital intelectual. A inteligência como valor está em alta e transformando-se na força direta, no elemento decisivo e vital dentro do sistema produtivo global.

Todo trabalhador deve ter seus sonhos de crescimento na carreira. É algo natural e vital para uma atividade laboral com equilíbrio e motivação. Ter sonhos individuais é essencial no mercado de hoje, mas isso não é questão de simplesmente fazer aquilo de que se gosta. É diferente de gostar do que se faz. A primeira opção não demanda quase nenhum esforço. Já gostar do que se faz significa ter paciência ativa, adaptar-se a novas necessidades e obrigações, exigir-se mais, desenvolvendo competências e motivos que gradualmente transformem o trabalho em uma atividade prazerosa. Para tanto, é preciso descobrir o que mais se liga às suas qualidades técnicas e humanas, avaliar as possibilidades e criar metas, não dividindo demais as energias. Daí, é direcionar seus melhores esforços nessa direção, trabalhando com inteligência, maior produtividade e mais qualidade em tudo que fizer. A demanda atual e do futuro é, cada vez mais, por profissionais versáteis, com autoliderança, entusiasmo, capacidade realizadora e domínio da própria carreira, aqueles que sabem desempenhar funções diferenciadas e estão constantemente sintonizados com as necessidades do mercado. É importante saber também que o mercado de agora se direciona para algumas áreas preferenciais, como: biotecnologia, informática, meio ambiente, educação, relações internacionais, terceiro setor, serviços em geral, comunicação, qualidade, produções culturais, lazer e turismo, agronegócios e cooperativismo.

O guru e professor C. K. Prahalad corrobora tudo isso ao afirmar: *"Quando você tem mais aspirações que recursos, o resultado é a inovação. Mas, se você tem mais recursos que aspirações, vai estagnar. Force-se a realizar coisas que você não sabe como fazer e para as quais não tem recursos suficientes. Prefira sempre aumentar a aspiração em vez dos recursos. Siga o exemplo de Sam Walton, Larry Alison e Bill Gates. Todos começaram com baixos recursos, mas com altas aspirações. E o mais importante: souberam compartilhar suas aspirações. Eis aí a essência do empreendedor".*

A necessidade empurra e a motivação puxa. Quase sempre nos movemos pela necessidade, levados à força pelos problemas do quotidiano. Porém, o melhor é saber atuar com a motivação. Isso significa "motivos em ação". É uma energia de uso planejado, capaz de estimular atitudes positivas em si mesmo e nos demais, criando as condições necessárias para uma utilização mais inteligente do tempo e melhorias da qualidade no trabalho e na vida. Dentro dessa visão empreendedora essencial, vão abaixo algumas indicações, válidas tanto pra trabalhadores como para corporações. Elas ajudam a mover-se com mais rapidez e agilidade no mercado de agora e do futuro:

APRENDA A MOVER-SE

- **Esteja atento ao cenário mundial**

Fique atento e esteja sempre informado sobre tudo que se relacione aos seus interesses no mercado global. Procure entender também o mundo atual como um todo não fragmentado. Daí, selecione as mensagens dos fatos e transformações, traduzindo isso em compreensões e ações inteligentes que definam melhor sua posição profissional e sua carreira.

- **Assuma sua carreira**

Isso significa não ficar esperando pela ação dos fatos ou pessoas além de você. Tenha iniciativa e aprenda a bastar a si mesmo, tomando as rédeas do seu próprio desenvolvimento profissional.

• **Seja independente**

Mesmo atuando em equipe, é importante ter uma visão independente e criativa sobre seu trabalho e sua carreira. Aprimore técnicas, recursos e iniciativas que o diferencie dos demais e lhe abra melhores oportunidades.

• **Torne-se empreendedor**

Isso não significa necessariamente abrir um negócio, mas ter uma maneira diferente de ver as coisas, pesquisar o mercado e trabalhar com mais criatividade.

• **Emprego X Trabalho**

Comece a pensar mais em trabalho que em emprego, pois esta é a realidade daqui para frente. Não atrele sua carreira à visão empregatícia com seus conhecidos benefícios e qualquer pretensão de estabilidade, pois será algo cada vez mais restrito no futuro.

• **Descubra as oportunidades**

Em chinês, a palavra "crise" também significa "oportunidade". E é exatamente isso que você deve descobrir e criar de agora em diante, nesse ambiente exigente, competitivo, mutante e instável que se instalou no mundo do trabalho.

• **Observe as demandas**

Fique atento aos problemas e necessidades que estão surgindo nas pessoas e nos grupos sociais, em particular, dentro dos grandes centros urbanos. Elas indicam novas demandas, novas oportunidades e nichos de mercado diferenciados que estão surgindo para profissionais e organizações com maior nível de especialização.

• Seja original

Comprometa-se com a excelência e procure ser especial na forma de pensar, falar ou agir. Faça com que seu trabalho tenha sempre a marca da originalidade, sua assinatura, seu toque particular.

• Faça seu *marketing* pessoal

Sem ser autopromoção, divulgue, discretamente e pelos diversos canais da atualidade, o que está fazendo em trabalhos, projetos, publicações, pesquisas e planos. Isso reforça sua imagem profissional e pode atrair novas oportunidades.

• Conheça as áreas e profissões

Informe-se bem e conheça as diversas áreas de trabalho, com destaque para as que são fortes tendências para a atualidade e o futuro.

Estratégia 6
APRENDA COM OS OUTROS

"A vida é bem mais fácil para quem trabalha ao lado de pessoas que aprecia, respeita e com as quais tem bom relacionamento. Do mesmo modo, é mais fácil ser bem-sucedido quando os colegas contam com habilidades complementares, e, assim, as limitações de um são compensadas pelos talentos de outros. Em outras palavras, quanto maior a complementariedade entre os integrantes de uma equipe, maiores as possibilidades de êxito".

Tony Cockerill

Um homem dirigia seu automóvel por uma dessas estradas de terra do interior. Como o caminho era ruim e havia chovido na noite passada, o motorista acabou com seu veículo atolado sem poder retirá-lo sozinho. Buscando socorro próximo dali, voltou com um sitiante que se propôs ajudá-lo, acompanhado de uma mula. O sitiante atrelou o animal no automóvel e, em seguida, começou a chamar a mula por diversos nomes: "Anda, Estrela! Anda, Malhada! Anda, Branquinha! Anda, Mestiça!" Com um puxão da única mula, o automóvel finalmente saiu do buraco. Inquieto com todos aqueles nomes para um só animal, o motorista perguntou ao dono da mula por que ele havia feito aquilo. O homem, com aquele jeito simples, respondeu: "*Óia*, moço, se a mula achasse que não teria ajuda de outras mulas, ela nem tentava sair do lugar".

Na natureza, a ajuda mútua e o aprendizado contínuo são uma regra da qual não se pode fugir. Há uma permanente interdependência entre os reinos e a troca de informações é intensa. Particularmente entre os animais, os mais novos e inexperientes devem sempre aprender com os que já sabem mais e estão vivos por causa disso. Até mesmo no limitado espaço do meu aquário, os recém-chegados tinham que aprender as regras do jogo com os que lá estavam há mais tempo. O que podemos retirar daí? Nossa sétima estratégia, aquela que muitos não utilizam por já se imaginarem preparados para enfrentar todas as alternativas e riscos da sobrevivência: *aprenda com os outros*.

Transportando isso para o nosso "aquário", podemos constatar que também no universo do trabalho existe um sem-número de exemplos instrutivos que podem facilitar ou acelerar nossa caminhada. Ao longo de séculos de história, trabalhar foi sempre uma realidade que fez parte da experiência humana. Isso determinou todo um acúmulo de tecnologia, que é a base da nossa evolução na atividade laboral em suas diversas áreas. Pena que isso aconteceu mais na técnica que no comportamental. De qualquer maneira, aprendendo uns com os outros, dividindo e multiplicando todo esse conhecimento é que chegamos até aqui. Ninguém pode afirmar que domina todas as tecnologias, que não precisa de orientação ou que não pode melhorar naquilo que faz. E nunca é o caso de se imaginar diminuído ou dependente pelo fato de buscar ajuda alheia. Pelo contrário, é um privilégio poder aprender coisas novas e ter outras pessoas que se disponham a ensinar. Os maiores erros se cometem exatamente quando você acha que sabe tudo. Quanto mais neste cenário globalizado, exigente e competitivo de agora! Salvo casos excepcionais, nenhum de nós é tão inteligente quanto todos nós. Daí que a soma das experiências do conjunto sempre representa uma força significativa que devemos somar à nossa. O conhecido executivo da Disney, Ken Potrock, reforça isso ao afirmar: *"Quando trabalhamos em grupo criamos uma combinação vencedora"*.

O maior valor do trabalho individual está representado na satisfação pessoal. Porém, no trabalho em conjunto, com certeza, essa satisfação pode tornar-se muito maior, pois ela se multiplica nos demais membros da equipe e aumenta a sensação de vitória. Podemos observar isso claramente nas equipes esportivas em seus momentos de êxito. E aprender com os outros não significa simplesmente repetir as mesmas técnicas, mas sim, fazer melhor, superar o aprendido, criando novas realizações e dando aquele toque pessoal que traz a marca da originalidade.

Talvez a verdadeira alma de uma equipe esteja exatamente nesse curioso fato de cada um de seus membros perceber-se como parte de um conjunto que caminha rumo a um mesmo objetivo. É muito interessante ver aí como a força do conjunto interfere no indivíduo, assim como a força do indivíduo interfere no conjunto. E, mesmo sendo vidas independentes, as pessoas descobrem nesse trabalho compartilhado a energia, o aprendizado e o apoio necessários para as ideias e iniciativas que cada um deve oferecer como contribuição à meta comum. Mas isso só acontece em equipes bem estruturadas, que pensam e se comportam como uma unidade, mesmo sabendo que cada integrante é único, com suas características e necessidades próprias. Existe aí uma troca contínua de experiência, empatia e motivação. Richard Barczinski, alto executivo de uma multinacional, corrobora isso ao afirmar: *"Não seja o dono da verdade. É preciso ser humilde, ouvir os conselhos alheios e aprender com eles. Isso e a disposição para enxergar as diversas alternativas possíveis são os passos fundamentais do processo para tomar uma melhor decisão nos negócios"*.

Trabalhar em equipe é algo inerente à história humana. Sem esta atividade não teríamos chegado jamais aos dias de hoje. Toda vez que seja preciso realizar uma tarefa ou empreendimento onde o esforço individual é insuficiente para concretizar o objetivo, o trabalho em conjunto pode ser buscado como recurso eficiente. E, desde tempos remotos, a necessidade de sobrevivência levou as diversas comunidades a descobrirem na ajuda mútua o recurso eficiente para alcançar conquistas comuns. Na história do trabalho humano, a participação de mais pessoas para realizar tarefas acontece particularmente a partir do chamado período agrícola, quando os hábitos nômades vão cedendo lugar à posse da terra em regiões mais férteis. Seja na agricultura, na atividade pastoril, nas construções, na arte, nas comemorações ou até mesmo na guerra, as atividades conjuntas são uma constante. O aparecimento das primeiras lideranças formais também surge nesse tempo, com a iniciativa dos mais capazes e o reconhecimento dessa ascendência pelos grupos.

Com o advento da revolução industrial, o trabalho se organizou em função das fábricas e das máquinas. Surgiram as corporações e, com elas, a hierarquia, o horário fixo, as funções específicas, o controle, o salário, a produção em massa, a legislação específica, as relações trabalhistas, enfim todo esse mundo que conhecemos e que ainda existe na maioria dos lugares. Nesse ultrapassado modelo de gestão, com os chefes ficava a centralização do poder, o monopólio das ideias e decisões, a visão dos funcionários como custos, as pressões para garantir resultados, o controle, a postura de intimidação, a atuação pouco motivadora. Por outro lado, com os empregados ficava a dependência, a aceitação passiva das regras, a postura de não pensar, a pouca responsabilidade, o automatismo nas atitudes, a baixa motivação, a pouca criatividade, o eterno descontentamento. Embora estas duas posições terminassem por ganhar, com o tempo, uma curiosa interdependência, ambas estão equivocadas e só criam dificuldades nas relações e na produtividade. Por isso, é um modelo em extinção. Mas, apesar das falhas, ele funcionou durante quase trezentos anos e ainda se pode vê-lo em muitos lugares, mesmo agora em plena era da informação. O verdadeiro trabalho de equipe não deixou de existir necessariamente nesse período industrial, mas ficou eclipsado pela ascendência das chefias e a subordinação dos empregados. Daí que a atuação dos componentes seja mais em grupo do que em equipe. Não era necessário ter motivação, participar, dar ideias e todas essas coisas que a modernidade está agora exigindo. Era aquele um tempo de apenas obedecer às ordens dos chefes e cumprir as tarefas de forma passiva. O próprio termo "mão-de-obra" mostra bem que não era prioridade desenvolver a cabeça dos trabalhadores. A função inteligente tradicionalmente foi privilégio das chefias.

Há pouco mais de cinquenta anos, a introdução da moderna tecnologia veio colocar-nos dentro de outra realidade, onde todos os paradigmas começam a mudar radicalmente. De forma inevitável, os novos recursos eletrônicos, em todas as suas versões, tomam cada vez mais espaço em nosso mundo e transforma as nossas vidas em todas as suas funções. O computador, símbolo desse novo tempo, concentra agora todo o conhecimento humano e transformou-se em presença obrigatória nas empresas, em nossas casas e em todos os lugares. Tudo que representa funções monótonas, repetitivas e rotineiras vai ganhando assim o formato eletrônico e trocando pessoas por máquinas em inúmeras atividades. Em poucas décadas, as mudanças têm sido extraordinárias e as perspectivas futuras são maiores ainda.

Com tudo isso, o mercado de trabalho e os negócios ganharam um novo formato. O incremento das novas máquinas acelerou os processos produtivos e também aumentou enormemente a concorrência tanto entre empresas como entre profissionais. A luta por clientes hoje é global e tornou-se muito mais agressiva. Daí que, atualmente, as organizações têm de usar todos os seus recursos nessa empreitada. Nenhuma delas pode mais desperdiçar seus ativos como se fazia no passado, nem se dar ao luxo de descartar esse precioso capital representado pelo trabalho criativo, pelas ideias e soluções que podem gerar o conjunto de seus colaboradores. Quando todas as pessoas trabalham de forma integrada e inteligente, conseguem produzir transformações vitais ao crescimento do negócio. Por isso o trabalho em equipe transformou-se num dos grandes trunfos das empresas que querem vencer. Ele ganha destaque agora por ser uma fonte de força e inovação que pode garantir a presença e o crescimento nesse ambiente global e competitivo. Hoje, mais que nunca, grupos de profissionais devem ser capacitados para atuar harmonicamente, aprender a pensar e resolver problemas em conjunto, mostrar maior interesse e motivação espontânea, aumentar seu nível de profissionalismo, criar novos produtos e serviços e produzir o crescimento acelerado da organização onde atuam.

Todavia, apesar de sua importância indiscutível, o aprendizado em equipes ainda é uma das realidades mais difíceis de concretizar no mundo do trabalho. E por que essa contradição? O problema principal é que não existe, na maioria das empresas, uma verdadeira sintonia entre as metas escolhidas pelos dirigentes e as metas individuais de seus empregados. Essa dicotomia podia dar certo dentro do antigo modelo industrial, mas não agora, quando os profissionais já têm outra visão sobre suas necessidades e sua carreira. As pessoas só se tornam mais responsáveis e comprometidas quando percebem que fazem parte de algo que tem a ver com seus ideais particulares e suas aspirações. Caso contrário, apenas cumprem suas obrigações sem dar um passo além.

Um conjunto de pessoas cumprindo alguma tarefa não pode ser considerado uma equipe. Às vezes, é apenas um bando sem um mínimo de organização ou objetivo. Já as equipes são grupos que evoluíram à custa de experiências orientadas por boas lideranças. No seu ideal elas devem funcionar como uma rede de competências, com nível de capacitação e informação o mais alinhado possível. Seu foco deve ser sempre o resultado, superando interesses particulares e preocupações subjetivas de hierarquia e poder. É assim como se alcançam níveis elevados de confiança mútua e esse envolvimento motivador em que uns torcem pelos outros. As pessoas precisam sentir-se à vontade com seus pares, a ponto de conseguir mostrar sua vulnerabilidade e ter certeza de que seus pontos fracos jamais serão usados contra elas. Isso só se alcança com maturidade e profundo respeito à individualidade de cada um. Nesse construtivo convívio diário e no alcance das metas em comum é que se vão formando os reais valores de uma equipe, não só no trabalho, mas também e principalmente nos comportamentos e nas relações. Cada integrante, neste caso, tem competências específicas e o resultado deve ser a integração dessas especialidades técnicas e humanas na busca do sucesso em comum. Qualquer dúvida, é só observar uma equipe do *Cirque du Soleil* atuando em suas espetaculares apresentações. Você vai perceber um alto nível de colaboração, de motivação, de aprendizado mútuo e de constante troca de energia dos artistas em busca da excelência.

Para que isso aconteça nas corporações modernas, os profissionais devem sentir que são valorizados naquilo que fazem, ter oportunidades de crescimento e ser vistos como sócios, não apenas como meros prestadores de serviços. Daí que, no ideal, a missão e as metas da empresa devem ser sempre avaliadas também em equipe e ter a aprovação da maioria dos participantes. Senão, será apenas o que a diretoria escolheu. O melhor é que essa visão compartilhada seja a soma daquilo que é comum nas visões individuais. É claro que assim é mais demorado, porque é preciso antes alinhar as aspirações, chegando a um ponto em que todos ou a quase totalidade concordem e sintam-se confortáveis com os objetivos definidos. Todavia, depois de alcançar isso, implementar o que foi decidido é muito mais fácil e rápido do que quando as decisões vêm prontas de cima para baixo. Stephen Covey, o professor americano especialista em liderança, aponta para estas dificuldades ao afirmar: *"A abordagem dos filmes de caubói, em que o mocinho entra na cidade e resolve os problemas, desapareceu. Hoje o valor está na equipe, pois ao lado de outras pessoas talentosas nossos pontos altos são realçados e os fracos desaparecem. Porém, a maioria das empresas ainda adota uma postura que é um insulto à inteligência e à capacidade criativa da equipe. As organizações precisam mudar tudo: a forma como recrutam, selecionam, avaliam, treinam e recuperam seus talentos".*

Vivemos em um mundo marcado por desentendimentos, conflitos e agressões mútuas, e isso, fatalmente, também se reflete na vida do trabalho. Coloque um punhado de pessoas para trabalhar juntas e, em curto prazo, vão aparecer dificuldades nas relações. Embora tenhamos desenvolvido inúmeros recursos para resolver questões técnicas, a questão da convivência humana nas empresas ainda permanece como um paradigma quase imutável. Os problemas de ontem continuam os problemas de hoje. Na verdade, o cenário profissional é aquele que apresenta a maior margem de atritos. E, curiosamente, uma empresa funciona também como um núcleo social específico, com todas as questões de uma comunidade e seus tipos característicos mais comuns. Além dos sensatos, dos motivadores, dos criativos, dos responsáveis (geralmente a minoria), veremos também os indiferentes, os dominadores, os críticos, os apavorados, os egoístas, os alienados e muitos outros. Quanto mais aumenta o número de componentes no grupo, mais se multiplicam também as dificuldades de toda ordem. Daí a importância vital de um controle inteligente dessa situação, o que só pode ser feito por lideranças eficientes, que saibam lidar com as energias dessa diversidade de pessoas, corrigindo as distorções e movendo a participação de todos para o alcance de metas comuns.

Originalmente, o trabalho em equipe começa na família, com a noção essencial de hierarquia e cuidados dado pela liderança natural dos pais. Dali vai surgindo a troca de experiências, a ajuda mútua, a definição de objetivos, a defesa dos interesses comuns, a divisão das tarefas e coisas assim. Como núcleo básico da sociedade humana, aí se condensa o aprendizado inicial prático deste conceito de um grupo de pessoas que trabalha em conjunto em busca das mesmas metas. Isso é o que caracteriza basicamente uma equipe. Mas, apesar desse suporte básico, a realidade moderna terminou por criar um perfil humano muito mais competitivo que colaborativo. A grande maioria das pessoas evidencia hoje um interesse que raramente vai além dos limites pessoais. Daí deriva a maioria das dificuldades para produzir um bom trabalho em equipe nas organizações.

Por tudo isso, a formação de equipes vencedoras depende da interferência direta de bons líderes. E liderança não é cargo, mas competência. Ela condensa uma série de valores incomuns e sua existência independe da função profissional. Educa através do exemplo e desenvolve um instrutivo mapa de atitudes que orienta os demais participantes. A verdadeira liderança se espalha ao redor como um perfume, materializando-se em comportamentos instrutivos, que ultrapassam os limites do trabalho. Quem é realmente líder funciona 24 horas e não atua apenas com sua equipe de profissionais. Deve liderar primeiro a si mesmo, fazendo a gestão inteligente da própria vida através da autoliderança. Depois disso lidera filhos, parceiros, clientes, chefes, colegas, comunidades sem maiores problemas.

Por isso, o líder da atualidade não pode mais ser aquele que controla tudo pela força do cargo, pelo medo e pela intimidação, criando barreiras e impondo sua vontade acima de tudo. Este tipo de liderança podia até funcionar no rotineiro cenário industrial, mas não hoje, nesse mercado tão tecnológico e dinâmico. O estilo capataz está definitivamente fora de moda. Daí que as lideranças atuais não devem simplesmente mandar, mas sim, *co-mandar*, dividindo o comando de forma inteligente com todos os seus colaboradores e praticando uma permanente gestão participativa. Isso significa criar canais abertos de comunicação e atuar como mediador nesse importante processo criativo de aprender uns com os outros, integrar os interesses e buscar soluções em conjunto para os problemas não tanto da organização, mas dos clientes. Os consumidores devem ser o foco de toda equipe. E nesse objetivo, todos devem ter espaço e palavra. Isso deve motivar os trabalhadores a abandonar aquela tradicional posição de passividade para se tornarem mais responsáveis e comprometidos. Com razão afirma a conhecida consultora e professora de Harvard, Rosabeth Moss Kanter: *"O líder do passado costumava erguer barreiras. Agora tem de construir pontes"*.

Na verdade, essa constante atuação integradora da liderança dentro da equipe é como costurar uma colcha de retalhos, unindo partes aparentemente desconexas até formar um painel realmente integrado e criativo, onde todos têm o seu lugar e uma participação importante. Alguma dúvida, observe com mais atenção um desfile das escolas de samba no Rio de Janeiro. Você vai descobrir ali todo o segredo de um excelente trabalho de equipe. Vai perceber o que é colocar 4.000 pessoas na avenida com planejamento, motivação, criatividade, profissionalismo e essa alegria tão brasileira que contagia e encanta o público. Na verdade, as pessoas são capazes de oferecer o melhor de si, superar seus limites e até fazer sacrifícios quando se identificam com um ideal. E é este personagem especial e estratégico chamado líder que deve sintetizar esse ideal, oferecendo ao conjunto algo que tenha um significado real e motivador para suas vidas. Isso também mostra que a função do líder ultrapassa o simples cumprir metas. Ele deve sempre trabalhar para surpreender, ir além, superando essas metas e criando resultados realmente inesperados e incomuns. É exatamente o que se vê no empolgante carnaval da Avenida Marquês de Sapucaí.

Na natureza, os processos de transformação nunca acontecem por acaso ou de uma hora para outra. E as coisas não são diferentes quando se quer criar uma verdadeira equipe. Ela deve passar por aquelas três etapas que já expliquei antes, até atingir o auge do seu desenvolvimento. A partir daí, para mantê-la nesse patamar, será necessário um esforço continuado e inteligente de todos os componentes aliado ao trabalho de uma boa liderança.

PRIMEIRA ETAPA

Para minimizar os problemas mais comuns na formação de equipes eficientes, a liderança deve saber começar seu trabalho escolhendo bem os membros do grupo, buscando sempre a diversidade e o equilíbrio entre as competências técnicas e humanas dos colaboradores. A seleção é um ponto especialmente importante quando se quer estruturar um conjunto realmente eficiente naquilo que faz. O líder deve, em seguida, eleger uma meta comum com a ajuda de todos. E, ao fazer isso, deve saber reconhecer e tocar nos pontos de interesse de cada integrante. Já adianto que, na maioria das vezes, esses pontos de motivação são diferentes em cada pessoa. Com sua experiência, ele também precisa vencer os sintomas característicos dessa etapa inicial na formação de uma futura equipe: passividade, falta de confiança mútua, interação rígida entre os membros e pouca autonomia. Existe aí também uma grande necessidade de estrutura e geralmente as pessoas não compartilham ideias com receio de críticas. A liderança tem de atuar, então, com firmeza e tato, atendendo necessidades individuais e coletivas ao mesmo tempo. Sem esse trabalho de base, não adianta seguir em frente, pois se gastará tempo e energia sem retorno.

SEGUNDA ETAPA

Essa segunda fase se apoia na eficiência do trabalho realizado anteriormente. O líder ainda encontrará aqui alguns interesses particularizados e conflitantes. A participação dos membros é desequilibrada e existe em alguns o desejo de fazer prevalecer suas opiniões. Porém, orientado pela liderança, o grupo deve começar o exercício instrutivo de ouvir e falar, base da comunicação em equipe e da ajuda mútua que deve sempre existir entre os membros. Também falta no conjunto a certeza de sua própria capacidade como equipe. Porém, apesar das limitações, nessa etapa deve começar a surgir em todos mais motivação, esforço e maior abertura para dar e receber. Com tudo isso, o líder já pode até se afastar um pouco, sendo mais pontual em suas intervenções. Como consequência, vão aparecendo os primeiros sucessos, o que sempre estimula o conjunto a prosseguir em seus esforços.

TERCEIRA ETAPA

Finalmente, na terceira etapa, os componentes vão-se tornando mais produtivos e começam a repetir as experiências positivas. Veremos a equipe surgindo cada vez mais fortalecida e integrada das experiências. Haverá maior responsabilidade, lealdade e um nível mais elevado de confiança mútua. As pessoas também já mostram autonomia e se independem da liderança em muitas coisas. O líder torna-se mais um facilitador nessa fase. A equipe apresenta também uma vibração característica e os componentes torcem uns pelos outros, sintoma claro desse estágio avançado. Com certeza, neste momento, existirá em todos o desejo de continuar no trabalho dentro deste conjunto vencedor. Para tanto, a liderança deve formar não apenas seguidores, mas desenvolver futuros líderes. Na verdade, este é todo um trabalho de aprendizado mútuo, em que a liderança é quem mais avança em sua experiência de alcançar níveis maiores de excelência.

Por tudo isso, as organizações atuais devem investir muito nessa fabulosa realização coletiva chamada equipe. É muito interessante observar que o aprendizado aí se faz de forma individual e coletiva. No primeiro caso, cada um retira do trabalho em comum o resultado de suas observações particulares e ajudas diretas da liderança e dos companheiros de trabalho. Assim como recebe ajuda, todo componente deve fazer o mesmo com os demais. Você só se torna bem sucedido ajudando os outros a serem bem sucedidos também. Isso é o que vai reforçando ou criando competências próprias em cada pessoa do grupo. Já em conjunto, o aprendizado é mais alinhado, em bloco, dirigido e intensivo, determinando valores que aparecerão em todos e vão caracterizar o perfil característico e o trabalho de uma verdadeira equipe. É o que representa de forma clara esse conjunto de pessoas que se respeitam mutuamente e estão comprometidas com o sucesso mútuo. Isso consolida a complementação de talentos, ou seja, cada participante deve saber quais são suas principais qualidades e suas limitações a serem compensadas pelos colegas. Daí, todos contribuem de maneira integrada no resultado final. Isso é o que faz com que pessoas comuns possam realizar feitos incomuns. A professora e especialista no assunto, Maria José Bretãs Pereira, reforça este ponto ao afirmar: *"Uma equipe é um grupo de pessoas que usa, de maneira colaborativa, recursos, potenciais, conhecimentos e experiências de seus membros para solucionar problemas ou viabilizar metas de interesse comum"*.

Com toda essa diversidade de experiências e exemplos ao redor, a atitude mais sensata é aproveitar a oportunidade e aprender verdadeiramente com as outras pessoas que atuam conosco nas diversas situações do dia-a-dia profissional. Uma pesquisa da USP – Universidade de São Paulo, que estuda os níveis de aprendizado em diversas atividades, reforça isso ao mostrar que é possível assimilar até 50% do conhecimento compartilhado através do trabalho em conjunto. Penso, porém, que essa porcentagem pode ser ainda maior se o trabalhador tiver uma atitude mais inteligente para aproveitar mais amplamente essa valiosa oportunidade de desenvolver atividades ao lado de outros profissionais. No ambiente de trabalho, existem muitas pessoas fazendo as mesmas coisas de maneiras diferentes e elas certamente terminam ajudando-se mutuamente. Trabalhando em equipe, elas lidam com problemas mais complexos e, para solucioná-los, é necessário muitas vezes recorrer a diferentes conhecimentos, ser capaz de reuni-los e aplicá-los. Essa amostragem viva de experiência pode facilitar em muito nosso aprendizado, mas é preciso ter iniciativa e estar atento. Fazer perguntas, pedir e dar *feedback* com frequência é um exemplo disso. Não deve haver receios de revelar que você desconhece algo. Afinal, ninguém nasce sabendo nem sabe tudo.

Outra atitude que aumenta as chances de ampliar nossas competências é ouvir e observar pares e superiores, mesmo que sejam pessoas que não fazem nosso estilo. Experiência é sempre experiência. E principalmente para quem está começando, os bons exemplos são uma referência importante. Tudo isso permite trocar observações sobre os eventos no momento em que acontecem e entender melhor como os outros analisam situações, tomam decisões e as monitoram. Também é importante assumir tarefas desafiadoras e, quando possível, se engajar em projetos que envolvam profissionais de outras áreas, o que nos coloca em contato com diferentes experiências e força a entender o novo e a avaliar de que forma aquilo nos pode ajudar nas nossas tarefas.

O aprendizado informal depende muito das relações que a pessoa consegue construir quando trabalha em equipe. Independente da empresa ou do ambiente onde atua, a responsabilidade de buscar novos conhecimentos é do profissional. Ouça o que os outros têm a dizer, mostre interesse pelos projetos e tarefas da área que o atrai, elogie, ofereça seu apoio e assim as coisas vão acontecer. É tudo questão de ter uma atitude ativa, de querer aprender e também de querer ensinar. A troca é sempre enriquecedora. Quando existe o objetivo claro de acrescentar conhecimentos, pode-se aprender até com os erros, que sempre oferecem uma base útil de análise e experiências que não devem ser repetidas daquela forma.

O fato é que as empresas modernas precisam desenvolver o pensamento sistêmico em todos os seus profissionais, aquele que mostra o importante papel que cada um cumpre dentro de um sistema, e não apenas atuando isoladamente no seu metro quadrado. Fazendo um paralelo com a música, a harmonia desse verdadeiro trabalho de equipe deve vir de uma diversidade de notas, e não de uma nota só. E isso é mais factível de existir num lugar que seja uma democracia técnica, governada por ideias, não por pessoas. Representa também uma organização de aprendizado onde se pressupõe que sejam mais inteligentes coletivamente do que individualmente.

Bom lembrar que, cada vez mais, o aprendizado em equipe é uma necessidade em todas as situações. A atitude da cidadania pede isso agora também, a começar na família, estendendo-se depois na escola, na empresa e, a seguir, na sociedade como um todo. Particularmente nos grandes centros urbanos, a vida hoje se caracteriza pela presença de inúmeras dificuldades coletivas que só fazem aumentar, alimentadas na ilusão de que isso é assunto exclusivo para autoridades e governantes. E essa posição isolada, indiferente, egoísta só faz aumentar perigosamente os problemas em projeção atual e futura. O que não tem aumentado na mesma proporção é nossa capacidade de resolver essas questões. Cada vez mais a inteligência comum se acomoda e se intimida com o volume que as coisas vão tomando. Por isso, resolver problemas no núcleo social da empresa é também uma forma de capacitação eficiente para solucioná-los depois na grande comunidade global onde todos vivermos. E o aprendizado em equipe é dos meios mais eficazes para realizar essa capacitação. O conjunto de pessoas existente nas empresas é o mesmo modelo em miniatura da sociedade. Portanto, aprender nesse conjunto é muito mais fácil, mais prático e mais efetivo. Além disso, isso cria uma competência preciosa que o mercado do futuro, com certeza, vai valorizar e remunerar cada vez melhor. Os empreendedores, os criativos, os inovadores, os perceptivos de plantão certamente vão entender o que estou falando.

Indico abaixo alguns comportamentos inteligentes que você deve adotar nesse processo de aprendizado e aperfeiçoamento mútuo que cada um deve realizar como integrante de uma equipe de trabalho:

APRENDA NO TRABALHO EM EQUIPE

- **Amplie seus contatos**

Tome a iniciativa e esteja sempre aberto às oportunidades para ampliar seu círculo de relações em equipe e fazer contatos produtivos, trocando informações e experiências.

- **Aja com simpatia**

Ser simpático, educado e agradável no trato com as pessoas sempre abre portas e facilita as coisas quando se trabalha em conjunto. O contrário é o que cria os problemas nas relações em equipe.

- **Seja humilde**

Respeite os conhecimentos e as competências de sua chefia e de seus colegas. Seja humilde para entender as variadas experiências e as contribuições que se juntam para formar um bom trabalho em equipe.

- **Dê e peça *feedback***

Elimine o preconceito de não saber tudo e sempre faça perguntas sobre coisas que você gostaria de entender melhor e aprender mais. Também fomente isso entre seus colegas. Essas atitudes disseminam o aprendizado em equipe e faz que todos cresçam.

- **Pense como unidade**

Quando trabalhar junto de outras pessoas, evite posições muito pessoais ou excesso de independência. Entenda os objetivos e metas comuns, aprendendo a pensar e agir em bloco, alinhado com a cabeça da equipe.

- **Respeite as diferenças**

Pessoas são diferentes na forma de ver e de fazer as coisas. Compreenda e respeite essas diferenças, vendo nisso uma vantagem, não um problema. Aprenda com a diversidade.

- **Envolva-se com sua equipe**

Não se pode ser impessoal ou indiferente quando se atua em conjunto. Isso faz parte do aprendizado da solidariedade e de sentir as coisas junto com outras pessoas. Trabalhar em equipe deve transformar-nos não só em melhores profissionais, mas também em melhores seres humanos.

- **Cuidado com as críticas**

Não fique preso aos defeitos e falhas dos demais, nem seja indiscreto, colocando isso em evidência em público. Se quiser ajudar alguém, faça isso individualmente. Vale mais investir na parte boa, destacando os pontos fortes e as qualidades das pessoas.

- **Encare os erros com naturalidade**

Seja individualmente ou em equipe, é importante aprender a encarar os erros com maturidade. É preciso entender os motivos que levaram à falha e buscar soluções para evitar que eles se repitam. Isso também é aprendizado em equipe.

- **Evite aparecer demais**

Autopromoção nunca agrada nem atrai a ajuda de ninguém. Se você for verdadeiramente melhor em alguma coisa, mostre essas qualidades para dar apoio, colaborar e motivar seus colegas no alcance das mesmas competências.

- **Tenha foco**

Aprenda a distinguir o que a equipe tem de mudar daquilo que você tem de mudar. O que é o aprendizado da equipe nem sempre é o seu aprendizado individual. No trabalho em conjunto, você deve buscar as competências que não tem e tudo mais que lhe seja útil para se aperfeiçoar como profissional e como pessoa também. São coisas diferentes, mas que se complementam na realização coletiva.

- **Ofereça sua experiência**

Assim como você quer aprender, os outros também têm o mesmo interesse. E nessa troca inteligente de informações e conhecimentos que deve acontecer em equipe, não fique apenas esperando. Tome a iniciativa, mostre abertura para dar e receber e observe o efeito positivo. Comportamento sempre gera comportamento.

Para reforçar essas colocações sobre as relações vitais entre uma liderança e sua equipe, acrescento aqui este interessante texto que me chegou por via de um amigo. Pena que o autor seja desconhecido, mas, com certeza, são ideias de alguém que pensa, e pensa bem, coisa rara nos dias de hoje.

REUNIÃO NA MARCENARIA

"Contam que houve, certa vez, em uma marcenaria, uma curiosa assembleia. Foi uma reunião onde as ferramentas juntaram-se para acertar suas diferenças. Um martelo estava exercendo a presidência da reunião, mas os participantes lhe notificaram que teria de renunciar. O motivo? Fazia muito barulho e, além disso, passava o tempo todo golpeando.

O martelo aceitou sua culpa, mas pediu que também fosse expulso do grupo o serrote, dizendo que ele também fazia muito barulho. Além disso, era cheio de dentes e ficava sempre se movimentando para cá e para lá.

O serrote teve de concordar, mas disse que só sairia se saísse também o parafuso. Ponderou que ele dava muitas voltas para realizar sua função.

Diante do argumento, o parafuso até concordou, mas, por sua vez, pediu a expulsão da lixa. Afirmou que ela era muito áspera e sempre entrava em atrito.

A lixa acatou, mas com a condição de que se expulsasse o metro, que sempre media os outros segundo seu critério, como se ele fosse o único perfeito.

Neste momento a porta se abriu e entrou o marceneiro. Juntou todas as ferramentas e começou a trabalhar. Utilizou o serrote, o martelo, o parafuso, o metro e a lixa. Depois de algumas horas, a madeira rústica se converteu em um fino móvel.

Quando finalmente o marceneiro foi embora, a assembleia das ferramentas reiniciou a reunião interrompida. Foi então que o serrote tomou a palavra e disse:

– Meus caros colegas, ficou demonstrado claramente que todos temos nossos defeitos, mas o marceneiro trabalha com as nossas qualidades, ressaltando os valores que possuímos em conjunto. Assim, não pensemos mais em nossos pontos fracos. Vamos nos concentrar em nossos pontos fortes.

Então, a assembleia entendeu que o martelo era forte, o serrote separava e tirava o que não era necessário, o parafuso conseguia unir as partes, a lixa era especial para limpar e afinar as asperezas e o metro era preciso e exato."

Estratégia 7
ENCONTRE O SEU ALIMENTO

"O futuro tem muitos nomes: para os fracos é o inatingível; para os temerosos, o desconhecido; para os valentes é a oportunidade".

Victor Hugo

Naquele aquário da minha sala eu sempre observo uma coisa interessante: quando chego mais perto, os peixes ficam logo agitados. Pela prática, acabei entendendo que, para eles, minha sombra que se aproxima significa "comida à vista". E, muitas vezes, é mesmo, pois costumo alimentá-los uma vez ao dia. Bem, não sei como funciona cabeça de peixe, mas o certo é que eles são bastante perceptivos dentro daquilo que lhes interessa. Rapidamente conseguiram ligar uma coisa à outra: sombra = comida. E assim também acontece com todas as demais espécies na natureza. Estão sempre atentas na busca do seu alimento. Sabem interpretar os sinais, aprendendo a reconhecer e encontrar no seu ambiente esse elemento básico para sua sobrevivência.

Transportando tudo isso para nossa metáfora, qual seria, então, o alimento que profissionais e empresas devem buscar para garantir a continuidade da existência no universo do trabalho? Esse sustento vem de uma única fonte: clientes. É óbvio que ninguém vai alimentar-se de clientes (embora existam alguns tipos no mercado que parecem ter essa intenção). Na verdade, porém, esse alimento vem daquilo que as pessoas representam como consumidores dos nossos produtos e serviços. Deles é que vem o sustento básico de profissionais e organizações. Seja um simples vendedor de rua ou uma grande multinacional, todos dependemos desses personagens vitais para sobreviver e crescer. O dinheiro é o nosso sustento, mas isso vem dos clientes. Então, temos que encontrar recursos eficazes para chegar até eles. E para ter sucesso nessa empreitada, é vital utilizar a oitava estratégia deste livro: *encontre seu alimento*, ou seja, conquiste seus clientes. Daí, é vital aprender a descobrir, atrair, multiplicar e manter os consumidores. Parece óbvio, mas, na prática, nem todos têm aquela apurada visão dos peixes na busca do seu alimento. A oportunidade que uns percebem com facilidade e aproveitam é a mesma que muitos outros não enxergam de jeito nenhum.

Uma coisa é certa: pessoas ou corporações que quiserem permanecer daqui para frente nesse novo cenário, terão de ter, acima de tudo, maior foco nos consumidores. A competição por eles é hoje muito maior e tornou-se global, isto é, não funciona mais apenas para um mercado local de uma mesma cidade, região ou país. Os modernos meios de comunicação abriram definitivamente as portas que tornam produtos e serviços acessíveis a todos, em qualquer lugar do planeta. Além disso, por causa da tecnologia, da globalização, da privatização e da desregulamentação, as expectativas dos compradores também mudaram. Daí que, cada vez mais, é preciso entender melhor o que eles realmente querem, suas necessidades, seus gostos, suas tendências, seus valores, seus sonhos. Conclusão: é preciso aprender a falar a linguagem do cliente. E de uns anos para cá, suas exigências aumentaram enormemente por três motivos básicos: maior volume de informações, maior possibilidade de escolha e queda do poder aquisitivo. Estes fatores juntos mudam, em definitivo, o comportamento de quem se dispõe a comprar e deveriam mudar também a postura de quem se dispõe a vender. O grande problema é que a visão de muitos empresários e o nível de profissionalismo da maioria dos atendentes não aumentou na mesma proporção dessa nova demanda de qualidade dos consumidores. Para tanto, as organizações terão de trocar muitos procedimentos em sua administração, planejar melhor suas ações, reduzir a burocracia, treinar mais a equipe e acelerar o ciclo no desenvolvimento de produtos e serviços. Tudo hoje tem de acontecer mais rápido e eficiente do que no passado.

Essa é uma realidade que acompanha as transformações do mercado nas últimas décadas. O atendimento ao cliente ganhou hoje uma dimensão que ultrapassa em muito os patamares que satisfaziam os consumidores de antes. Eles cresceram nos seus direitos e na consciência do seu poder. Já não aceitam as práticas superadas e desrespeitosas que muitas empresas insistem em manter, confiando apenas na necessidade que as pessoas têm de consumir. Com as facilidades crescentes do comércio eletrônico, não são mais os clientes que têm de ir ao ponto de venda. O ponto de venda é que vai ter que ir até eles, oferecendo de tudo na telinha. E se os clientes de hoje são assim, imagine as gerações que vêm por aí. Exigentes, informados e céticos, os adultos de amanhã não serão facilmente convencidos. Daí que, nesse novo cenário global, mutante e competitivo, o melhor mesmo é buscar recursos inteligentes que formem um diferencial significativo e garanta sua presença nesse concorrido espaço.

É uma coisa curiosa, mas sempre que começo um novo curso sobre relacionamento com o cliente, observo que, entre os interessados, um tipo de profissional brilha por sua ausência. Em geral, empresários, diretores, gerentes e pessoas que ocupam cargos de importância nas empresas nunca aparecem nesse tipo de capacitação. Por que será? Segundo dizem, com ar de ironia, os próprios colaboradores presentes, os chefes não se interessam por esse tipo de treinamento. Entendem que já sabem tudo sobre a matéria, que não têm mais nada a aprender. Imagine se é possível saber tudo sobre como lidar com o que existe de mais difícil sobre a face desse nosso planeta: gente. E, no caso do atendimento, vai ser gente se relacionando com gente. Aí é que a coisa fica complicada mesmo, pelo menos para os despreparados.

Ao contrário dessa visão primária e preconceituosa que, em geral, se tem sobre atendimento ao consumidor, este não é simplesmente um assunto de balcão. Não deve ser, tampouco, tema de interesse apenas para vendedores. A venda, na verdade, é o miolo do processo de atender e vendedores são, em síntese, todos os profissionais. De modo que este deve ser assunto prioritário para qualquer profissional, de qualquer área, do topo ao piso no mundo do trabalho (inclusive para os chefes). Nunca devemos esquecer que nosso sustento vem daí. E neste cenário concorrente da atualidade, nada mais óbvio que estar sempre criando maneiras inteligentes para conquistar e manter nossos clientes. Em uma economia de produtos e serviços cada vez mais iguais em tecnologia, *design* e preço, atender bem não é mais uma questão de opção. Tanto para corporações como para profissionais, atender bem é agora uma obrigação, uma questão definitiva de sobrevivência. Quem quiser avançar precisa se destacar em qualquer coisa que o coloque à frente dos concorrentes. Um conceito, uma vantagem, uma categoria, um diferenciador. Este é o grande trunfo que pode garantir sua permanência e seu crescimento no atual mercado.

Pena que tudo isso é levado a sério somente por uma restrita minoria! Os demais se apoiam simplesmente na necessidade que as pessoas têm de comprar. E por aí ficam. Se você quiser comprovar isso, faça o teste. Dê uma volta pelos pontos de venda do próximo quarteirão e vai passar pelas mais curiosas experiências. Vai testemunhar a visível falta de estrutura dos locais, aliada ao despreparo daqueles que são colocados para atender. A maioria deles imagina que atendimento se resume apenas em colocar-se na porta da loja, atrás de um balcão ou ao telefone e oferecer coisas para as pessoas. Vamos encontrar até mesmo aqueles que estão ali por obrigação, de má vontade, como se fizessem um favor. É preciso pensar que, na verdade, os clientes não dependem de nós; nós é que dependemos deles. Não fazemos favor em servi-los; eles é que fazem um favor ao dar-nos a oportunidade de servi-lo. É assim que aprendemos e aumentamos nosso nível de profissionalismo. O fracasso de muitos profissionais e negócios tem mostrado que esse assunto não é realmente tão simples assim.

O que menos se pensa é que as mudanças para um melhor atendimento aos clientes começam sempre dentro da própria corporação. Em primeiro lugar, depende da criação de um bom ambiente de trabalho. É preciso construir uma situação em que as pessoas tenham acesso a uma remuneração justa e capacitação adequada, onde se sintam valorizadas, motivadas a aprender cada vez mais e interessadas em contribuir para melhorar as coisas. Em outras palavras: a empresa tem de começar tratando bem e educando seus clientes internos, ou seja, seus próprios colaboradores. Sem este primeiro passo não adianta tentar avançar, pois não se vai muito longe. É sobre isso que alerta o professor americano Sam Walton: *"Se você quer arruinar seus negócios, trate mal seus funcionários. Eles vão tratar seus clientes do mesmo jeito que você os trata"*.

Uma empresa que oferece boas condições para trabalhar e onde existem boas relações, tem funcionários satisfeitos com o que fazem. E funcionários satisfeitos trabalham com maior eficiência, atuam melhor em conjunto, aumentam sua produtividade, colocam o foco nos consumidores e fazem brilhar a imagem da organização. Isso vai tendendo a transformar o atendimento ao cliente em relacionamento com o cliente, o que deve acontecer antes, durante e depois da venda. Mas tudo depende de uma mudança essencial na estrutura e, principalmente, na atitude dos profissionais e das organizações, o que está ligado imediatamente à atuação de boas lideranças. São essas lideranças que indicam o caminho, dão o exemplo e instituem o clima do lugar. Melhorias e inovações raramente emergem em ambientes de gestão centralizada, pressões, desrespeito, comunicação falha, onde, em consequência, cada um procura apenas "cumprir sua obrigação".

É importante lembrar ainda que esse relacionamento de sucesso com os consumidores significa também um eficiente trabalho de equipe. E quando se trabalha em equipe não devem existir jamais essas disparidades tão comuns de se encontrar, por exemplo, entre os que trabalham no telemarketing ou no balcão e aqueles que devem atender as solicitações ou reclamações dos clientes no pós-venda. Os sorrisos e procedimentos que encontramos raramente são os mesmos. Esta é a prova incontestável que tem o consumidor do seu pouco valor para muitas empresas e da absurda falta de percepção desses vendedores que só se interessam em tirar pedidos sem observar o que vai acontecer depois. Quando se lida com pessoas que compram nossos produtos e serviços jamais cabe essa visão fragmentada das coisas. Pelo contrário, deve existir uma atitude sempre alerta e integrada em todos e tudo deve se movimentar em torno dos clientes. O foco deve estar permanentemente neles. Ao lado de uma eficiente e contínua capacitação dos profissionais, esse mal se cura com uma visão clara, amadurecida e única dos líderes locais, que devem servir de exemplo e inspiração para toda a corporação.

Por isso também, nenhuma empresa pode agora se dar ao luxo de descartar esse precioso capital representado pelas idéias, sugestões e iniciativas que podem gerar seus colaboradores, particularmente aqueles que lidam diretamente com as pessoas no dia-a-dia. Num cenário competitivo é preciso juntar todas as forças. Daí que para quem quer nivelar por cima a satisfação dos clientes, existem mais duas importantes fontes de pesquisa. A primeira é o próprio consumidor, o melhor e mais imparcial juiz dessa questão. Suas queixas e sugestões (ao contrário do que acontece) sempre deveriam ser tidas muito em conta. Representam consultoria especializada grátis. Elas apontam necessidades não atendidas e falhas que, na maioria das vezes, passam desapercebidas. E outra maneira de melhorar as coisas é também estar atento ao que a concorrência faz. Isso não significa, é óbvio, copiar as mesmas fórmulas de sucesso, mas sim fazer melhor, dando aquele toque de inovação e originalidade que os clientes tanto apreciam.

Também existe um segmento no mercado que ainda não percebeu todo o seu potencial. É o comércio de pequeno e médio porte. Para ganhar espaço entre os grandes, este setor precisa criar uma atuação mais diferenciada. Particularmente os pontos de venda especializados devem ter uma melhor apresentação, ambiente acolhedor, um leque variado de opções no seu ramo e uma relação individualizada com os consumidores. Muitas vezes, são recursos simples que as pequenas empresas devem dispor para atrair compradores e sobreviver às drásticas transformações que têm sacudido o mercado nos últimos anos. Por outro lado, esses lugares têm uma clientela que já frequenta o local. Fidelizar essas pessoas com atenções extras é sempre mais barato do que ir atrás de novos clientes. Como diz o conhecido consultor Rogério Tobias: *"Desenvolver formas diferentes e inovadoras de prestar serviços, de oferecer soluções ou de tratar clientes, geralmente acaba criando uma categoria que se fixa nas mentes das pessoas. O desafio é transformar o cliente de hoje no cliente do amanhã"*.

Nesse grande *show* do consumo ganha mais aplausos quem planeja melhor, ensaia muito e apresenta os melhores comportamentos. Quem não percebe isso, possivelmente também não descobriu por que comemos ovos de galinha ao invés de ovos de pata. Calma, eu explico. O que acontece é que, depois que a galinha põe seu ovo, sempre sai por aí cacarejando com ares de missão cumprida, anunciando para o mundo seu já conhecido produto. Embora a pata tenha um produto tão bom como o da galinha, não faz propaganda e saiu perdendo. A galinha mostra assim a técnica básica de sucesso que todo profissional ou corporação deveria seguir: por um lado, oferecer sempre um bom produto ou serviço e, por outro, divulgar permanentemente o que se está oferecendo. Do equilíbrio entre esses dois polos surge sempre a garantia de crescimento da pessoa ou do negócio. Se oferecemos algo de valor e não fazemos propaganda, corremos o risco de fracassar, pois os consumidores não saberão o que temos. Se fazemos propaganda e o que oferecemos não é bom, o risco é o mesmo, pois os clientes não passarão da primeira compra e irão fugir de nós. Daí que todos precisam ter um pouco desse *marketing* galináceo: ponha seus ovos e saia por aí cacarejando.

Hoje, mais do que nunca, é preciso antecipar-se aos clientes e planejar, com detalhes, tudo o que possa agradá-los e até mesmo encantá-los. O encantamento, inclusive, é uma surpreendente estratégia de venda com sucesso garantido. Pena que sua prática seja ainda uma raridade. Esse recurso extremamente dinâmico sempre supera o atendimento padrão, mas pede uma estrutura adequada, planejamento detalhado e uma capacitação intensa de toda a equipe. Isso significa aumentar a percepção dos atendentes sobre o que as pessoas gostariam de realizar com a compra, entrar nos seus sonhos e criar situações diferenciadas, extrapolando o padrão das expectativas. É estimulante para os clientes e motivador também para quem atende. Isso provoca experiências memoráveis que sempre impressionam positivamente os clientes e são depois amplamente divulgadas por eles. E, com certeza, o boca-a-boca ainda é a melhor propaganda e a mais garantida. Devemos pensar que o cliente é potencialmente um vendedor, e não apenas um comprador. Na verdade, o cliente é o seu melhor vendedor.

Se você ainda não percebeu, o centro das mudanças nesta nova economia é o cliente. O poder migrou das mãos das organizações para as mãos dos consumidores. São eles que irão, cada vez mais, exercer sua cidadania, premiando ou punindo, na hora da compra, o comportamento das empresas. São eles que agora decidem o que querem, quanto podem pagar e a forma como querem ser atendidos. São eles que aspiram, mais que comprar, a realizar seus sonhos. É isso que mostra o visionário critério do guru Peter Drucker ao afirmar: *"As pessoas não compram produtos e serviços. Elas compram o que os produtos e serviços podem fazer por elas"*.

A qualidade na essência significa estar atento às necessidades dos clientes. Daí que é preciso transformar essa satisfação em meta prioritária, reconhecendo neles a razão de ser da nossa existência. Isso nos fará identificar suas reais necessidades, interpretar melhor sua linguagem e entender realmente por que eles são a fonte vital do nosso "alimento" e do nosso crescimento no mundo do trabalho. Foco, criatividade, ousadia, inovação e o constante *feedback* dos consumidores são ingredientes vitais para criar um alto grau de relacionamento com o mercado e manter-se mais competitivo. Isso implica oferecer produtos e serviços sempre acima do esperado e exige um compromisso sério e continuado. Mas pode, com certeza, colocar profissionais e empresas na rota do sucesso.

Para facilitar as coisas, aqui vão alguns itens que os clientes de hoje sempre esperam encontrar em suas relações com quem oferece produtos e serviços:

O QUE O CLIENTE QUER

- **Propaganda bem feita**

Os recursos de comunicação hoje são muito diversificados e a maioria deles está ligada às novas tecnologias. Localize e use com eficiência esses meios, projete a imagem que você deseja e utilize a linguagem que melhor crie uma eficiente rede de relacionamentos para atrair os consumidores.

- **Bom atendimento telefônico**

Com o advento da telefonia celular, esse tipo de comunicação aumentou enormemente. Capriche na seleção das informações, na linguagem e também no seu treinamento pessoal ou da equipe para utilizar com sucesso o telefone.

- **Sinalização adequada**

Localize adequadamente placas, indicações e alertas que orientem melhor o consumidor dentro e fora do ponto de venda. Atualmente, isso também inclui a comunicação virtual, feita através de *sites* e das redes sociais.

- **Instalações confortáveis**

Isso envolve uma série de aspectos no melhor planejamento e apresentação do ponto de venda. Vai desde o visual externo, logomarca, cores, vitrine, acabamentos, iluminação, ventilação, mobiliário, exposição dos produtos ou serviços, circulação, informações úteis e tudo, enfim, que crie uma impressão agradável, organize o espaço e facilite a presença dos clientes no local.

• **Estacionamento próximo**

Um aspecto necessário pela dificuldade cada vez maior de vagas para veículos nas ruas das grandes cidades. Por isso mesmo o comércio virtual está, cada vez mais, atendendo os consumidores em casa, longe do trânsito, do tumulto e do perigo das ruas.

• **Segurança no local**

Como no exemplo dos *shoppings*, este quesito passou a ser responsabilidade dos pontos de venda que querem atrair e manter os consumidores, eliminando o perigo da violência urbana.

• **Boa apresentação dos atendentes**

Um item que sempre passa uma positiva impressão de respeito, organização e preparo da empresa com relação aos seus clientes. Envolve forma e conteúdo, em particular dos profissionais ligados à venda, o que inclui uniformes, cuidados com a aparência e também um treinamento continuado de toda a equipe sobre sua comunicação verbal (fala e escrita) e também não verbal (fisionomia, gestuação e postura corporal).

• **Informações atualizadas**

Essencial para que os atendentes mostrem sua competência, destacando as vantagens dos produtos e serviços e esclarecendo dúvidas dos consumidores.

• **Atenção completa**

Fator cada vez mais valorizado pelos clientes que apreciam sempre um atendimento personalizado, que valorize sua pessoa e esteja focado em suas necessidades.

• **Preços competitivos e vantagens**

Inclui não só o valor de compra, mas tudo aquilo que possa transformar o produto ou serviço em algo exclusivo e diferenciado da concorrência.

• **Pontualidade na entrega**

Cada vez mais necessária num mundo onde a confiabilidade se apoia na capacidade ética de honrar os compromissos e prazos.

• **Garantias e assistência técnica**

Implica a devida atenção e atendimento ágil na correção dos erros e quaisquer questões no pós-venda.

• **Agrados e atenções extras**

Observe neste quesito tudo o que possa surpreender o cliente com acréscimos inesperados e agregados à sua compra (brindes, ofertas, descontos, vantagens, etc.).

Estratégia 8
SEJA CRIATIVO

"Se queremos progredir não devemos repetir a história, mas sim fazer uma história nova a cada dia".

Mahatma Gandhi

No lugar onde costumo fazer caminhadas, plantaram novas árvores há pouco tempo. Como os troncos ainda estavam muitos finos e sem nenhuma proteção, logo apareceram algumas plantas quebradas. Uma cena realmente triste! Em tempos tão difíceis como os atuais, com tantos problemas em todas as áreas, enquanto uns poucos tentam fazer alguma coisa, outros optam pela indiferença. Mas, superando essa infeliz posição, ainda há aqueles que deixam sua assinatura negativa em atitudes como essas, que só pioram o panorama e comprometem o futuro. Uma árvore que poderia trazer beleza, sombra e melhoria do clima, termina, muitas vezes, assim, eliminada por uma violência banal que se tornou comum particularmente nas grandes cidades.

Curiosamente, uma semana depois, passando novamente pelo local, observei que duas das árvores quebradas já mostravam brotos e folhas novas, bem no lugar onde tinham interrompido seu crescimento. Logo pensei: "Valeu, arvorezinhas! Estou torcendo por vocês!" É realmente extraordinário esse esforço persistente, essa luta muitas vezes heroica que se pode ver em todas as espécies para garantir seu lugar na festa da vida! Grande exemplo que deveria nos inspirar em situações análogas. Desta vez o exemplo não tem a ver com peixes, mas com a natureza como um todo, fonte das minhas principais inspirações.

E você já notou como cada tipo de vida no planeta tem particularidades próprias para construir sua sobrevivência no meio onde vive? A diversidade de recursos e a criatividade são realmente impressionantes. E parece que tudo isso mais aumenta quanto maiores são as dificuldades que o ambiente apresenta. Para pessoas e organizações, esse modelo deve representar também os recursos originais com que cada um deve mover-se para alcançar a necessária diferenciação nesse cenário de perfis tão iguais, em curioso contraponto com a crescente competitividade no atual universo do trabalho.

Um problema que geralmente aparece no dia-a-dia de muitos trabalhadores e organizações é que, depois de aprenderem algumas técnicas para realizar suas tarefas rotineiras e resolver as questões mais comuns, estacionam no tempo. Optam por repetir sempre os mesmos recursos que já deram certo. Não arriscam, não vão além, não renovam, não evoluem. Têm receio de sair da sua zona de conforto e se arriscar no novo. Daí a mesmice nos produtos e serviços. E ser criativo é exatamente o contrário de tudo isso, não é mesmo? É querer mais, pensar mais, inovar, fazer melhor e acrescentar sempre mais recursos além daqueles que já conhecemos. Assim nasce a competência daqueles que estão sempre voltados para a modernidade e de olho no futuro. Já no seu tempo, dizia a sabedoria de Benjamin Franklin: *"Cessar de viver de forma criadora pouco difere de cessar de viver"*.

Mais do que uma competência profissional, a criatividade é, em essência, uma postura de vida. Reflete a capacidade de ser original nos pensamentos, na forma de ser e de fazer as coisas. Empresas e profissionais inovadores estão sempre atentos e se renovando em alguma coisa. Mudam não porque sofram pressões (e sofrem), mas pelo desafio que se autoimpõem de continuar progredindo continuamente. Têm valores bem claros, visão de futuro e uma forma própria de se moverem no mercado. Não se conformam com pouco, não ficam apenas copiando e rompem com as limitações. São os que criam novas opções e sempre encontram recursos para seguir em frente, mesmo em meio a situações adversas. Tal como aquelas árvores do caso que relatei. Por isso, ter boas ideias está deixando de ser apenas uma questão de fazer diferente para ser a causa de continuar existindo no mundo do trabalho de agora. A propósito, é a mente aberta e criativa de Monteiro Lobato quem diz: "*Nada de imitar seja lá quem for. Temos de ser nós mesmos. Ser núcleo de cometa, não a cauda. Puxar fila, não segui-la*".

Eis aí, então, outra estratégia vital no atual universo do mercado: *seja criativo*. E essa criatividade pode ser pessoal ou empresarial. A ideia é reinventar-se, abastecer-se de recursos variados e originais para promover constantes mudanças conceituais primeiro, comportamentais depois, e que posteriormente se consolidem em criações no mundo real. Tudo isso, é claro, vai demandar um tempo e um trabalho específico, mas também irá garantir uma atividade profissional dinâmica e atualizada. Além disso, essa capacidade criativa pode transformar seu trabalho em algo muito mais motivador, instrutivo e rentável.

Certa vez, desenvolvendo projetos em uma indústria, ouvi um dos diretores comentar que atualmente era muito difícil encontrar empregados realmente envolvidos com seu trabalho, que quisessem fazer melhor e diferente, que fossem mais criativos na solução dos problemas diários. A maioria buscava apenas "cumprir sua obrigação" e pronto. Tive de concordar com ele, mas argumentei que, para alcançar resultados diferentes, era preciso avaliar melhor o ambiente da empresa, mudar a forma de lidar com as pessoas e adotar um modelo de gestão mais participativo, mais dinâmico, que incentivasse e até premiasse as boas ideias e iniciativas dos colaboradores. Enfim, era necessário disseminar uma verdadeira cultura da inovação por toda a organização, do presidente ao chão de fábrica.

Mesmo nesse cenário de tantas transformações ocorridas nas últimas décadas, esta ainda é uma realidade comum de encontrar em muitas organizações: mesmice, rotina, poucas mudanças e comportamentos à moda antiga. Na verdade, o problema vem de mais longe. Está na forma errada como fomos educados. Particularmente no período industrial, gerações foram direcionadas apenas para receber as coisas prontas, obedecer às ordens ou mesmo seguir os impulsos sociais sem questionar. O sistema começa em casa, passa pela escola e desemboca nas empresas. No mundo do trabalho isso acabou resultando num perfil de pessoas acomodadas, previsíveis e acostumadas apenas a seguir os comandos das chefias. Não perguntam, não protestam, não agitam antes de usar. Aliás, tradicionalmente, pensar nunca foi papel dos empregados, mas um privilégio dos chefes. Trabalhadores usam as mãos, não a cabeça. Daí inclusive o termo "mão-de-obra", hoje em extinção. Tudo isso, aliado a uma gestão truculenta, pouca comunicação, excesso de regras, burocracia e coisas do gênero, explica porque a criatividade anda em baixa na maioria das organizações. Tem razão o professor americano Jeffrey Pfeffer ao afirmar: *"Algumas empresas gastam um tempo enorme tentando moldar os funcionários de acordo com um modelo predeterminado. Enquanto isso, eles vão ficando menos criativos e perdem a capacidade de ação".*

Ter boas ideias realmente está deixando de ser uma questão de apenas fazer diferente para ser questão de sobrevivência e crescimento. E isso vale para profissionais e para corporações. Com produtos, serviços e mesmo profissionais chegando a um mesmo patamar de excelência, cada um precisa fugir dessa *comoditização* e mostrar um diferencial capaz de distingui-lo na multidão e chamar a atenção dos clientes. Isso vai exigir, acima de tudo, criatividade.

Faça o teste: observe bem se no ambiente da sua empresa você costuma dizer ou ouvir coisas assim:

– Lá vem você de novo com essas ideias malucas!
– Por que não deixamos as coisas como estão?
– Olhe, não é assim que fazemos as coisas por aqui.
– Eu até gosto, mas...
– Não se mexe em time que está ganhando.
– Eu penso desse jeito e não vou mudar nunca!
– Ora, já fizemos isso por aqui certa vez e não deu certo!
– É melhor você não se arriscar!
– Não gosto de ninguém opinando sobre o meu trabalho!
– Ah! Que saudade daquele tempo!

Se frases como estas são comuns por lá, mau sinal! Tudo indica que o ambiente do seu local de trabalho está limitando a capacidade inovadora das pessoas. A criatividade por lá anda em baixa. E nada mais arriscado nos dias atuais, em um mercado tão globalizado, exigente e competitivo. Hoje é vital ousar, testar novas fórmulas e ser inovador, estando sempre disposto a aprender e mudar as coisas. Não existe nada no mundo que não possa ser melhorado, modificado, aperfeiçoado. Tanto em pessoas como em empresas, isso tem o poder de fazer surgir o novo, esse novo que tanto enche de surpresa e encantamento os clientes. E, muitas vezes, não é necessário radicalizar. As criações mais bem-sucedidas podem simplesmente adicionar valores a produtos e serviços já existentes, levando em conta duas tendências que agora direcionam o consumo: facilidade no uso das tecnologias complexas e preço.

A criatividade nas organizações depende imediatamente da existência de boas lideranças. São essas lideranças que dão o exemplo e instituem o clima do lugar. As inovações raramente emergem em ambientes de gestão centralizada, pressões, desrespeito, comunicação falha e onde, em consequência, cada um procura apenas fazer o mínimo necessário. E atualmente, nenhuma empresa pode dar-se ao luxo de descartar esse precioso capital representado pelas inovações que podem gerar seus colaboradores. Curiosamente, é o que ainda acontece na maioria dos locais de trabalho. As poucas ideias que surgem continuam vindo do topo, e nem sempre são as melhores.

São raras, mas hoje já existem organizações onde todos os colaboradores recebem capacitação e carta branca para ter iniciativas e desenvolver ideias e novos projetos. As lideranças orientam, aceitam o risco, motivam as pessoas, escutam sugestões, permitem o improviso, não culpam pelos erros no processo criativo e premiam os bons resultados. Imagine um lugar onde todos se veem como empreendedores. Imagine também as coisas maravilhosas que podem acontecer aí. É sobre isso que fala o conhecido consultor americano Gary Hamel:

"O nó que estrangula a inovação fica quase sempre no topo da hierarquia. Uma empresa treinada para olhar para o alto em busca de pistas sobre o caminho a seguir mais adiante é uma organização em que a maioria das pessoas renunciou à responsabilidade de inovar".

Bom lembrar que, originalmente, a criatividade é uma manifestação mais individual que coletiva. A faísca inicial sempre partiu da inspiração e do esforço de alguém mais focado e perceptivo. Mas, em um cenário competitivo como o de agora, essa situação encontra seu ideal na atuação de equipes que possam participar ativamente do processo criativo. Hoje, as inovações mais importantes resultam da interação e colaboração entre pessoas talentosas, que compartilham as informações. Quando se estrutura uma cultura da inovação, começam a ser mais raros os lampejos de genialidade individual para prevalecer um trabalho conjunto inteligente e coordenado. Daí que o conceito de inovação deve permear por toda a organização e ir além de um simples centro de pesquisas. Por isso é tão importante instalar o ambiente ideal para que isso aconteça, que motive e premie as iniciativas. Nas empresas empreendedoras, o resultado mais avançado de tudo isso é uma verdadeira linha de produção de ideias. Elas vão sendo selecionadas até passar para fases mais avançadas e se transformar, depois, em novos produtos e serviços. Naturalmente, isso inclui capacitação continuada, constante pesquisa, recursos tecnológicos, eventos de inovação, criação de metas e, acima de tudo, boas lideranças, que saibam investir no potencial das pessoas e gerenciar o risco na produção de experimentos. Veja o que diz sobre isso o sociólogo italiano Domenico De Masi: *"Criatividade não é somente ter ideias. Isso é apenas fantasia. Só os gênios são fantasiosos e realizadores ao mesmo tempo. Como os gênios não aparecem aos montes, o segredo é montar equipes que mesclem pessoas fantasiosas e realizadoras. Isso representará um ganho para os que têm ambos os perfis. A criatividade floresce em ambientes intelectualmente competitivos".*

Para inovar de verdade, a empresa precisa também ter grupos de pessoas que apresentem uma diversidade na formação e na experiência. Isso deve levar a divergências não pessoais, mas intelectuais. Quando cada um tem um ponto de vista completamente diferente, o resultado do trabalho é muito mais criativo. É preciso estimular esse atrito inovador. Além disso, um bom grupo de trabalho precisa de pessoas sonhadoras e de pessoas que implementem. Raros são os indivíduos que possuem as duas habilidades. E para evitar que as equipes, depois de um tempo, caiam na rotina, deve-se montar novos times, mesclando as pessoas a cada projeto ou mesmo expondo os integrantes a novas experiências, fazendo que eles sempre saiam da sua zona de conforto.

Dentro da modernidade, a inovação exige que se tenha permanentemente um olho na pesquisa e outro no consumidor. Deve-se pesquisar junto aos usuários e conhecer quais são suas aspirações. É importante também explorar constantemente o futuro, montando cenários próximos das novas tendências e necessidades que estão surgindo, para que os profissionais e organizações saibam para onde direcionar seus esforços nos próximos anos. É assim que se avança na frente da concorrência nesse terreno cada vez mais exignete, globalizado e competitivo.

Na sua origem mais essencial, os elementos formadores da criatividade apontam para características individuais ou em equipe que devem ser identificadas e exercitadas para facilitar o surgimento das inovações. Algumas dessas modalidades são atitudes simples, outras são mais exigentes, mas todas são manifestações do perfil criativo e fomentam as boas ideias. Vejamos alguns desses comportamentos formadores da criatividade:

COMPORTAMENTOS CRIATIVOS

- **Atração pelo novo**

Isso representa um valor que nem todos mostram. Por isso tem tanto valor na atual realidade global. É um interesse continuado, uma constante busca pelo desconhecido e também o gosto de viver novas experiências.

• **Visão independente**

Mesmo tendo que considerar as visões dos demais no trabalho em equipe, é importante ter uma visão própria e livre sobre as coisas. Isso tem como base a pesquisa, além de uma atitude aberta e pensante.

• **Competências múltiplas**

Você pode ser especialista em alguma coisa, mas, em um mercado mutante como o de hoje, é sempre bom ser generalista também, dominando conhecimentos em áreas diversificadas.

• **Senso de humor**

Além de sempre dar uma visão mais feliz e positiva das coisas, esse valor representa uma capacidade de ver a vida sob ângulos diferenciados e melhores. Naturalmente facilita a criação de ideias, contatos e oportunidades.

• **Confiança em si mesmo**

A confiança em si mesmo nasce da percepção das próprias capacidades e conhecimentos testados em experiências diversas. É essencial para ter segurança nas próprias atuações e construir novos caminhos sem receios de opiniões contrárias ou obstáculos.

• **Ausência de dogmatismos**

Isso é um pré-requisito para criar o novo. Torna-se imprescindível estar com a mente sempre liberada de ideias fixas, preconceitos, crenças e visões tradicionais.

• **Vivacidade mental**

Ter uma mente viva é ter interesse pelas coisas, buscar informações constantemente, diversificar as pesquisas, ser perceptivo e saber fazer conexões entre as partes para, então, criar o novo.

- **Atração por mudanças e desafios**

No mercado mutante e competitivo de agora, é importante adaptar-se inteligentemente às transformações e também gostar dos desafios que se apresentam na busca das inovações. O novo está sempre em sintonia com aqueles que gostam de arriscar em diferentes experiências.

- **Originalidade nas soluções**

Todo problema tem solução, mas as soluções mais valorizadas no momento são aquelas voltadas às necessidades das pessoas. Têm de ser ao mesmo tempo úteis, abrangentes e incomuns na exclusividade das ideias.

- **Percepção abrangente e detalhista**

Ter percepção é possuir uma capacidade de observação mais apurada das coisas. É ter foco e uma visão sem preconceitos, descobrindo possibilidades onde a maioria não vê nada. Ela não se fixa na forma e vai em busca do conteúdo, capta o todo e os detalhes ao mesmo tempo, o que é essencial para a criatividade.

- **Visão de futuro**

Também chamada de visão perspectiva, permite antever realidades pessoais e coletivas que estão ainda por acontecer. Isso se faz em função da observação detalhada das necessidades e possibilidades das pessoas, o que sempre permite acionar ideias e projetos inovadores.

- **Facilidade de relacionamento**

Vem de uma capacidade mais ampla de comunicação, aliada a valores sensíveis individuais, direcionados ambos para a criação de ligações inteligentes com as outras pessoas, na busca criativa de trocar experiências e conhecimentos. Os contatos humanos sempre podem se transformar em experiências enriquecedoras e motivadoras da criatividade.

- **Responsabilidade e esforço**

São valores ligados à atuação da própria vontade, quando colocada a serviço de um objetivo, importantes para manter acesa a chama do entusiasmo quando se busca uma realização inovadora.

- **Flexibilidade**

Habilidade necessária para adaptar-se constantemente às mudanças, situações inesperadas e novas necessidades que caracterizam a atualidade. A flexibilidade permite amoldar-se com mais facilidade às diversas situações que sempre acompanham qualquer esforço realizado na busca de uma meta criativa.

- **Interesse de aprender e ensinar**

Duas capacidades que devem sempre atuar juntas no alcance e repasse de informações ou conhecimentos. Quem mais aprende é, como certeza, quem mais sabe ensinar.

- **Abertura para críticas e sugestões**

Funciona como uma via de mão dupla na ação de dar e receber novas ideias. Torna-se uma posição necessária para combater preconceitos e a intolerância às avaliações de outras pessoas durante um processo criativo.

Uma coisa é certa: daqui para frente, vai existir uma demanda crescente de pessoas que queiram e saibam solucionar problemas, seja em que área for. O mercado do futuro será cada vez mais um campo aberto de oportunidades para os trabalhadores e empresas que queiram inovar. Para isso devem saber desempenhar funções diferenciadas, estar sintonizados com as necessidades da sociedade e ter boas ideias, para dar um rumo diferenciado e melhor a tantas questões pendentes no mundo. Esta é a cultura do empreendedorismo, que extrapola a simples rotina do dia-a-dia para entrar num cenário onde a atividade será cada vez mais inteligente, mais dinâmica, mais criativa e de maior qualidade. Seu papel agora é independer-se, ajudar a resolver problemas e produzir inovações, ao invés de mostrar-se simples "mão-de-obra" nesse novo universo do trabalho.

As boas ideias costumam encontrar quem as está procurando. Mostram para nós o caminho do futuro, e criar um futuro exige libertar-se do passado, pelo menos daquele passado que já não faz sentido preservar. Regras nunca questionadas, posturas rígidas, preconceitos e tradições inúteis pertencem a esse tempo que deve ser colocado de lado para que o novo e o melhor possam surgir. A propósito, veja esta interessante e visionária afirmação do criativo empresário Steve Jobs: *"A morte é a maior invenção da vida. É o agente que renova a vida, limpa o espaço do velho para dar lugar ao novo. Nesse instante o novo é você. Mas algum dia não muito distante você vai gradualmente se tornar velho. E será substituído. Desculpe ser tão dramático, mas é apenas a verdade. Seu tempo é limitado, então não o perca vivendo a vida de outra pessoa. Não seja preso pelo dogma que é viver em função do pensamento de outras pessoas. Não deixe o ruído das opiniões de outras pessoas calar sua própria voz interior e, acima de tudo, tenha a coragem de seguir seu coração e intuição. De alguma forma eles já sabem o que você realmente quer se tornar. Todo o resto é secundário".*

Estratégia 9
CUIDADO COM OS PREDADORES!

"A única pessoa com quem se deve competir é consigo mesmo. Não se pode esperar um desafio mais justo".

Todd Ruthman

Ao comprar peixes para o meu aquário, sempre tive o cuidado de não colocar juntas espécies que pudessem entrar em conflito. Queria um ambiente harmônico e sem problemas. E essas dificuldades de relacionamento em conjunto não acontecem apenas no limitado espaço daquela caixa de vidro. Na natureza, em qualquer situação, a luta pela vida também inclui ficar muito atento para enfrentar riscos ou mesmo para não se transformar na próxima refeição dos predadores locais. Como existe uma cadeia alimentar a ser atendida, sempre há aqueles tentando garantir sua sobrevivência à custa de outros. Podemos observar inclusive como, em situações onde o alimento se torna escasso ou existe disputa pelo poder, reprodução ou território, a agressividade entre os animais aumenta, chegando até o canibalismo em algumas espécies.

Tudo isso é algo compreensível nos processos naturais, onde a vida segue subordinada a leis e regras estabelecidas. Mas, será que é também uma realidade válida para aquele nosso "aquário" no universo do trabalho? Bem, não podemos esquecer que, como seres humanos, também fazemos parte da natureza. Portanto, as regras do jogo são as mesmas para nós e coisas similares também acontecem nas relações dentro do atual mercado. Particularmente nesse ambiente cada vez mais globalizado e competitivo que se instalou nas últimas décadas, a disputa por oportunidades, espaço e clientes é muito mais acirrada do que já foi no passado. Daí que a agressividade e os conflitos mostrem seu lado dramático nesse cenário, onde muitas empresas e profissionais utilizam, sem a menor cerimônia, todo tipo de recurso para ganhar a luta.

Curiosamente, na etimologia da palavra, *competir* significa "chegar junto". Era o que o equilíbrio dos gregos buscava nos jogos olímpicos, onde o importante era chegar à meta proposta, vencer o desafio, e não os demais participantes. Isso mostra que, para alcançar um lugar de sucesso verdadeiro, não é preciso passar por cima nem querer ocupar o espaço de ninguém. Basta encontrar o próprio espaço, com mérito e justiça. E cada um tem o seu, com toda certeza. O problema é que pessoas e empresas imediatistas, de visão curta, mal intencionadas e pouco criativas, nunca veem as coisas assim. Não percebem que o mundo é grande e as oportunidades são amplas para todos. Entendem que tudo é válido e descambam, então, para a falta de ética nas ideias e nos comportamentos. Por isso mesmo, nesse difícil cenário da atualidade, mais do que nunca é preciso ter em conta nossa penúltima estratégia: *cuidado com os predadores!*

Defeitos e limitações todos nós temos. Daí, podem acontecer descuidos nas nossas relações profissionais. Não cumprimentar as pessoas, falar alto demais, ser inoportuno ou indiscreto, usar piadas ou brincadeiras de mau gosto, fazer críticas negativas, grosserias e outras coisas do gênero são exemplos desses deslizes. Bem, para isso é que existem as regras de educação, pedidos de desculpa e outros recursos inteligentes que podem amenizar qualquer contratempo comportamental. São dificuldades até possíveis de ser encaminhadas no dia-a-dia. Mas a questão dos predadores de plantão ultrapassa esses limites. É o grande problema da má intenção, de fazer o mal calculadamente, de se aproveitar das situações em proveito próprio, de ser desonesto nas transações comerciais, de tratar as pessoas com truculência, de usar os cargos indevidamente, de não ser justo nas avaliações, de trair a confiança, de fazer do preconceito uma arma, de espalhar mentiras, de não respeitar os limites alheios, de restringir ou tomar o espaço de outros, de fazer discriminações propositalmente, e outras atitudes que mostram um claro objetivo de diminuir, magoar ou se aproveitar das pessoas. Coisas assim ferem profundamente a ética e adquirem um caráter muito sério nas relações do trabalho.

E tudo isso agora é válido não só para o mundo real, mas também para o mundo virtual. Com o advento da *Internet*, sem mostrar a cara e escondidos nesse labirinto da telinha, certo tipo de pessoas e de empresas parece ter-se especializado nos comportamentos antiéticos. Vemos isso na propaganda enganosa, na falta de compromisso, na concorrência desleal, nas mensagens desrespeitosas, na frieza do tratamento impessoal, em procedimentos incoerentes, no mau atendimento aos consumidores e por aí vai. E com as redes sociais, tudo ganha hoje uma dimensão maior e pública. Todas essas mídias, quando bem usadas, são boas ferramentas de pesquisa e relacionamento, mas não podem jamais tornar-se fonte de reclamações, grosserias, brincadeiras de mau gosto ou acusações contra pessoas ou organizações. Assim como nas relações olhos nos olhos, as regras de ética e civilidade também continuam válidas mesmo no aparente anonimato desse novo universo. Nunca se pode esquecer que este é um espaço aberto e tudo ali fica assinado de maneira digital. Todas as mensagens postadas nessa nova mídia são uma expressão do que pensamos e sentimos, dos nossos conceitos ou preconceitos. Portanto, podem ser direcionadas tanto a nosso favor como contra nós. Hoje, inclusive, muitas corporações já usam a *Internet* para saber um pouco mais sobre os profissionais do seu time e até mesmo em seus processos seletivos. Daí que esta é também uma questão de sobrevivência e cada um deve zelar pela sua imagem *on-line* da mesma forma como cuida da sua apresentação pessoal.

No geral, todos percebem a importância de tratar bem os colegas e particularmente os clientes, ambos fonte do nosso aprendizado e crescimento profissional. Isso é a base do respeito e da confiança essenciais em toda relação humana, e tem sempre reflexos positivos na organização e no mercado como um todo. Mas há também aqueles que não entendem as coisas assim. Podem até dizer que sim, na teoria, mas na prática agem exatamente ao contrário. Em sua maioria são pessoas mal resolvidas, azedas, inconvenientes, que não têm compromisso com nada nem sentem prazer no que fazem. Acham-se boas demais e creem ser humilhante servir, ainda que sejam pagas para isso. São maledicentes, acham tudo desagradável, mal gerido e impróprio. Imaginam-se exploradas e sabotam o *marketing* da empresa. Geralmente vivem mal, são negativas e só veem desgraça no mundo. Sem dúvida gente muito complicada e fonte de problemas, em particular quando terminam ocupando cargos de chefia. A especialista em etiqueta Amy Vanderbilt faz um alerta sobre isso ao afirmar: *"A elegância inclui também a consideração e o respeito por subordinados, chefes e colegas, além da disposição em ser agradável e útil. Como os sinais de trânsito e os mapas rodoviários, a ética no escritório nos protege de colidir com os outros, de magoar os sentimentos dos colegas ou de prejudicar a reputação da empresa"*.

O que fazer então? O melhor é começar pela base: ter muito cuidado na seleção e contratação dos novos profissionais que vão fazer parte do time. As vagas devem ser ocupadas por aqueles que chegam para somar e melhorar, não para atrapalhar as coisas. Depois, é caprichar na capacitação contínua, para aparar as arestas e suprir as falhas que as pessoas sempre trazem. Daí que o mais importante é garimpar bastante e depois treinar as pessoas para formar a melhor equipe possível, gente que realmente tenha compromisso com seu profissionalismo e afinidade com as metas da organização. No fundo, tudo é questão de criar uma cultura positiva e um local de trabalho saudável e motivador. Depois as próprias pessoas ganharão consciência do valor deste ambiente e vão lutar para mantê-lo e ampliá-lo. É assim que vamos aumentando gradualmente a chamada "turma do bem".

Se olharmos para trás no tempo, veremos que a preocupação com a ética interna nas organizações aumentou a partir da década de 80, com a redução das hierarquias e a consequente autonomia dada às chefias. Por outro lado, o corte nos organogramas deixou menos espaço para as promoções. A disputa por cargos, então, cresceu e, com ela, o desejo de sobressair a qualquer custo. Assim, nos últimos anos, os escritórios se transformaram em ambientes mais competitivos, campo fértil para a desonestidade, a omissão, a má conduta, a mentira e o vale-tudo. Há sempre aqueles que buscam atingir os fins, não importando muito os meios que utilizam para chegar lá. A pergunta que emerge de tudo isso é se é possível para uma empresa ou um profissional sobreviver nesse cenário competitivo sendo ético, agindo correto, jogando pelas regras, enquanto seus competidores atuam sem nenhum parâmetro moral e perseguem objetivos na base do não-importa-como.

Para tanto, é importante pensar que organizações são formadas por pessoas e só existem por causa delas. Atrás de qualquer decisão, erro ou imprudência estão seres humanos passíveis de serem corrigidos e orientados em sua grande maioria. Daí que, quando falamos de empresas éticas, estamos falando de pessoas éticas, o que implica um cultivo em conjunto de valores básicos e de atitudes em sintonia com esses valores. Por isso é essencial trabalhar permanentemente no melhoramento do ambiente de trabalho, e esta responsabilidade sempre segue o caminho de cima para baixo, começando com o exemplo positivo das lideranças. Uma boa empresa é aquela em que há transparência nas relações, em que os colaboradores confiam nos líderes, sentem-se parte de um time e buscam seguir as indicações dos mesmos. Daí, terminam surpreendendo os consumidores com atitudes idênticas. Por isso, hoje, cada vez mais organizações estão abandonando o pragmatismo nos negócios e olhando também para o comportamento dos seus profissionais, prestando atenção nas competências humanas e não apenas no resultado financeiro final. Até porque, hoje, este resultado depende diretamente do somatório de atitudes das pessoas.

Bem, toda essa transformação se faz explicitando os valores que norteiam a empresa e criando um processo inteligente e continuado de educação, que reforce ou corrija os conceitos recebidos originalmente na família, na escola e na sociedade. A isso se chama criar uma cultura. E a palavra cultura, etimologicamente, vem de "culto". Tudo que se cultua acaba transformando-se numa cultura. Vale para o positivo também para o negativo, dependendo do conteúdo trabalhado. Melhor que seja para o lado certo, pois disso depende o ambiente da corporação, as relações entre as pessoas, a produtividade, o atendimento aos clientes e o seu desempenho como um todo no atual mercado.

Como no caso das ISO, hoje já existe inclusive para as empresas uma certificação ética, a SA8000. São normas adotadas voluntariamente e que valorizam aquelas que não poluem, não fazem propaganda enganosa, não utilizam mão-de-obra infantil, respeitam os empregados, não criam discriminações de nenhuma espécie, não fazem diferenças entre homens e mulheres, não subornam, não fazem fraude, não criam dificuldades para a saúde e a qualidade de vida dos trabalhadores, não usam nenhum tipo de violência ou pressão (física ou psicológica) sobre os empregados, não fazem espionagem industrial e honram os compromissos com os clientes, entre outras coisas. Com isso, busca-se melhorar a conduta das organizações e equilibrar as relações de mercado. Para quem procura vantagens competitivas nesse universo globalizado, este é certamente um caminho mais seguro.

Ao contrário de outros países mais desenvolvidos, no Brasil, a distância social entre as pessoas infelizmente favorece a ideia de que existem vários tipos de brasileiros e que direitos e deveres são diferentes para cada grupo. Em consequência, geralmente não nos importamos muito com o todo, não nos vemos muito como nação e também não exigimos posturas éticas de governantes, empresas e concidadãos. Isso mostra uma clara falta de valores comuns. Em nações onde há uma noção cultural mais clara, por exemplo, tudo o que é público é de todos, e as pessoas geralmente cuidam desse patrimônio. Aqui, ao contrário, tudo o que é público é de ninguém, e é encarado com descaso. Daí os políticos tratarem com desonestidade o dinheiro público e também as pessoas jogarem papel na rua ou picharem paredes e monumentos.

Na verdade, alguns de nós agimos com honestidade para nos sentirmos bem com nós mesmos. Outros já atuam melhor por hábito ou pela educação que receberam dos pais. Mas a maioria age corretamente simplesmente pelo medo das consequências, situação que não oferece maiores garantias. Por isso mesmo a ética é um assunto polêmico, que gera questões extremamente delicadas, variando com os princípios e o nível de consciência de cada um. Na verdade, antes de exigir dos outros, cada pessoa deve melhorar essa posição ética em si mesmo e, como extensão, dentro do espaço onde vive. As regras nessa área não podem responder a fatores de imposição ou de simples hábito. Como conjunto de valores que orienta o comportamento do indivíduo em sociedade, a ética é uma questão de escolha, fruto de uma posição pessoal mais consciente e ativa. Ela é geralmente discreta e seu movimento segue um fluxo de dentro para fora. Não necessita de plateia e só presta conta ao próprio interessado. Apesar disso, sempre deixa um exemplo motivador e se manifesta no ambiente em atitudes coerentes de respeito inteligente ou semelhante e também de coragem para assumir as decisões. A ética é também um conceito inflexível, que não admite gradações. Ou você é ético ou não é. Não é uma conquista fácil numa sociedade que apresenta tantas distorções; porém, nessa questão, qualquer fissura termina gerando uma fenda de enormes proporções.

Podemos ver que a ética envolvendo as organizações nada mais é que a soma das éticas dos que fazem parte dela. Geralmente essas pessoas buscam seguir as indicações dos valores e do exemplo definidos pelas lideranças locais. Ao lado da responsabilidade social, a ética na área do trabalho atualmente sintetiza um tripé formado pelo ser humano, o meio ambiente e o crescimento econômico, objetivando criar uma situação sustentável, que não agrida os indivíduos nem a natureza. Hoje, a empresa que estende seus interesses além do lucro torna-se, economicamente mais eficiente. Gasta menos dinheiro em energia e matéria-prima. Com isso, aumenta sua capacidade de lucrar mais e vender seus produtos por um melhor preço, beneficiando também o consumidor. O conhecido consultor e escritor Simon Franco corrobora isso com sua visão sempre madura e instrutiva: *"A atuação voltada para a sociedade, para a construção de valores, imagens e projetos coletivos, está se tornando parte indissociável de uma empresa de sucesso. É também negócio".*

Certo é que, no presente mercado, são os consumidores que, cada vez mais, vão determinar a conduta ética das organizações. Isso significa uma clara transição de poder de quem vende para quem compra. Mais que qualquer outro argumento, a sanção social é muito pior que a sanção legal, muitas vezes ineficiente, parcial e permissiva. E, hoje, o desenvolvimento das telecomunicações vai criando uma nova situação, mais aberta e investigativa, onde é difícil ocultar ou disfarçar o mau comportamento. Em particular as mídias sociais estão dando uma escala maior a comportamentos que o consumidor já adotava, tais como questionar, criticar, reclamar, mas também elogiar, sugerir, inovar e principalmente participar. É um poder que parece invisível, mas que cresce e se materializa em dimensão global. Daí que a gradual informação e sofisticação dos clientes vai criando nas organizações o fim dessa mentalidade de curto prazo, aquela onde o importante é apenas tirar pedidos. Ela vai sendo substituída pela relação de longo prazo, mais lucrativa e perene, na qual se busca reter e fidelizar aqueles que compram os produtos e serviços. É um processo lento, pois tudo depende da evolução da própria sociedade, bem como de formar um senso de comunidade como o que existe em países mais desenvolvidos. Gradualmente, porém, o cliente irá exercer sua cidadania premiando ou punindo, na hora da compra, o comportamento da empresas. A lógica econômica funciona, então, como motor do aprimoramento ético e as corporações que não compreenderem essa nova relação de forças estão fadadas a desaparecer. Em uma empresa ética, clientes, empregados e patrões vencem. Os clientes são capazes de obter o que desejam, os trabalhadores amadurecem como profissionais e os donos têm uma empresa bem-sucedida.

E além de enfrentar dificuldades para vender seus produtos e serviços, organizações que não prestarem atenção à questão ética também não vão atrair nem manter seus melhores talentos, insumo fundamental para competir daqui para frente. Por isso, tanto para atuar adequadamente no mercado como para evitar as dolorosas consequências da má conduta dos predadores, é importante definir dentro das organizações regras claras de relacionamento em conjunto e de condução dos negócios. Isso pode melhorar muito as relações e o ambiente de trabalho como um todo. Entretanto, é bom que cada trabalhador cuide de seu comportamento e fique alerta para evitar problemas nessa área tão vital para a existência da sociedade humana. Como em tudo, a iniciativa individual é sempre soberana para gerar mudanças realmente duradouras. O sucesso de todo profissional depende disso nesse exigente cenário que se vai instalando de forma inevitável daqui para o futuro. Nele não há sucesso sem ética. Se você não for ético, afastará as pessoas que podem ajudá-lo a alcançar uma maior realização profissional. Isso também tem muito a ver com a maneira como as pessoas encaram e realizam suas tarefas. Hoje já não basta saber fazer. É preciso fazer com zelo, dedicação, interesse e comprometimento. O mercado vem demandando cada vez mais esse novo comportamento no trabalho. Daniel Grippo, o conhecido empresário e escritor, reforça isso ao afirmar: *"A regra de ouro que se aplica ao seu local de trabalho é: trate seus companheiros de trabalho e seus clientes como você gostaria de ser tratado. É esse o espírito que prolongará a duração do seu emprego e do emprego dos outros"*.

E como o risco é geral, tome cuidado para que você também não se torne um predador, mesmo que eventualmente. Por descuido, situações incomuns ou interesses particularizados, esta é uma possibilidade que pode acontecer com qualquer um. Tomara que não seja com você, pois o bumerangue das posições antiéticas sempre acaba retornando ao ponto de partida. Não por alguma fatalidade do destino, mas porque pessoas muito competitivas, no sentido contaminado do termo, terminam criando em torno de si um ambiente de animosidade, descontentamento e antipatia. Como consequência inevitável, isso só fecha as portas, atrai situações desagradáveis, provoca inimizades e limita muito o campo das oportunidades. Quem aspira a uma carreira longa, respeitada e sólida deve estar muito atento a todo esse movimento do atual mercado internacional, que não está aceitando mais a má conduta dos predadores. Cada um, então, deve aprender a cuidar mais de si mesmo, mantendo os padrões éticos mesmo que ninguém esteja observando sua atuação. Essa é a melhor garantia que você pode criar de sucesso e de permanência no universo do trabalho. Hoje, o grande desafio em qualquer área profissional está não apenas em desenvolver capacidades técnicas, mas em descobrir o verdadeiro significado do que fazemos e a relevância do nosso trabalho para o ser humano. No final das contas, esteja certo de que sua atitude é quem vai determinar sua altitude. Outra especialista em etiqueta, Cláudia Matarazzo, indica que: *"As regras de etiqueta no trabalho estão apoiadas num tripé. O primeiro ponto de apoio é o infalível bom senso. O segundo, a naturalidade. Não tente ser uma pessoa diferente do que é só para impressionar. O terceiro ponto de apoio refere-se à afetividade, característica que abrange a consideração, o respeito e a preocupação com o bem-estar dos outros".*

Em grande parte por conta da ação e volume dos comportamentos antiéticos, viver na Terra tem se tornado uma aventura complicada e perigosa em muitos aspectos. Atualmente, nosso planeta já não é o melhor dos mundos, mas não precisa ser assim para sempre. E não é uma questão de ficar confiando apenas na intervenção de governantes e autoridades ou de qualquer outro fator extraordinário para resolver esse dilema. Criar um futuro melhor para o planeta é um dever e uma conquista de cada um individualmente e de todos como conjunto de seres realmente humanos.

Aqui vão algumas indicações inteligentes para você se proteger de si mesmo e dos demais em suas relações dentro do ambiente de trabalho ou deste mercado globalizado como um todo.

PROTEJA-SE DOS PREDADORES

- **Faça sua autoavaliação**

O primeiro passo para o êxito do profissional é fazer uma autoanálise honesta. Daí, independente daqueles conhecidos processos de avaliação feitos periodicamente nas organizações atuais, faça você mesmo uma revisão constante do seu comportamento. Observe sempre a repercussão de suas atitudes nas pessoas e nos resultados do seu trabalho.

- **Defina seus limites**

Avalie bem os valores da sua empresa e saiba exatamente quais são seus limites éticos. Conhecendo as regras do jogo, você poderá orientar-se com mais facilidade, cuidando de evitar gafes, problemas diversos, e de não entrar em terreno alheio.

- **Seja responsável**

Procure ser sempre assíduo, pontual, correto em seus trabalhos e cumpra os prazos acordados. Se atuar como líder, transforme isso em exemplo inteligente, orientando também sua equipe e seus colegas a fazer o mesmo. Isso lhe dará sempre um crédito positivo no ambiente de trabalho e nas relações de mercado.

- **Atue com motivação**

Atue sempre como elemento proativo e motivador dentro do ambiente de trabalho. Seja oportuno e interfira positivamente nas situações, procurando esclarecer dúvidas, dar sugestões úteis e participar da solução dos problemas. Tudo isso contribui para criar um clima agradável e produtivo.

- **Controle suas reações**

Principalmente se ocupar cargos de liderança, seja equilibrado nas atitudes. Procure sempre deixar todos à vontade para lhe dar más notícias, trazer dúvidas ou problemas que precisam ser resolvidos, sem medo de reações negativas, críticas ou represálias.

- **Cuidado nas correções**

Atuando como líder, nunca faça correções em público nem comente atuações de colegas ou subordinados de forma crítica ou depreciativa.

- **Atue com honestidade**

Procure fazer que as questões de dinheiro na empresa sejam sempre tratadas com transparência e honestidade. Também nunca utilize bens da organização para fins pessoais. O uso de materiais, máquinas, telefones, veículos, *Internet* etc. deve ser sempre restrito às atividades de trabalho.

- **Seja imparcial**

Não admita favoritismos ou atuações de parcialidade dentro do ambiente de trabalho, seja no trato com outras pessoas, grupos ou departamentos. Busque que seus interesses não se sobreponham aos da empresa e faça valer, sem exceções, as mesmas normas éticas da organização para todas as pessoas.

- **Observe seu meio**

Esteja sempre atento aos movimentos dentro do seu ambiente de trabalho e cuide-se. Independente do que a direção da empresa quer e dos valores adotados pelo conjunto, as pessoas sempre criam suas próprias regras de comportamento para bem ou para mal. Assim, valorize o positivo e defenda-se do negativo de forma inteligente.

• Trabalhe com fatos

É sempre mais seguro ater-se à realidade em suas observações, avaliações e julgamentos no trabalho. Daí, quando tiver de lidar com acontecimentos ou pessoas, antes de mais nada domine seus impulsos. Seja cuidadoso, busque informações seguras e espere um tempo estratégico até tomar alguma atitude definitiva.

• Ouça com inteligência

Aprenda a ouvir os outros com atenção, inteligência e amplitude. Mais do que falar ou agir, sua atitude no ambiente depende muito da maneira como você ouve e percebe as coisas e as pessoas.

• Seja discreto

Os comentários indiscretos são uma tendência comum nos ambientes de trabalho. Por isso tome cuidado com sua curiosidade e também com a de outras pessoas sobre assuntos particulares. Os limites que separam uma vida da outra são muitas vezes sutis e precisam de uma boa percepção para ser respeitados. Nunca seja fonte ou veículo da chamada "fofoca", nem permita que ela se instale no ambiente.

• Cuidado no mundo virtual

Hoje, com o uso intensivo das redes sociais, é sempre bom ser cuidadoso e observar que essa é uma mídia aberta, de acesso público, onde sua assinatura vai embaixo de qualquer tipo de imagem, frase ou mensagem postada ali. Lembre-se que é o seu conceito e seu futuro que está em jogo.

• Seja atencioso

Trate bem as pessoas, independente de quem elas são. Você só ganha com isso, terá sempre um credito seguro e deixará uma marca positiva em qualquer tempo ou lugar.

- **Registre resultados**

Divulgue de maneira discreta e faça sempre um registro das suas ideias, iniciativas e de tudo que seja próprio e destaque você no trabalho. É uma maneira de sentir-se mais seguro e também de evitar plágios ou uso indevido do que é de sua propriedade intelectual.

- **Avalie os riscos**

Sempre que tiver de tomar decisões importantes, seja discreto, informe-se adequadamente, aconselhe-se antes e avalie bem os riscos, principalmente se isso envolver outras pessoas e bens.

- **Seja valente**

Dependendo da decisão tomada, prepare-se para situações delicadas e até mesmo para eventuais perdas. No mundo instável e complicado onde vivemos, atuar com ética ainda é uma difícil realidade, que exige responsabilidade e uma boa dose de valentia.

- **Procure conciliar sempre**

Para ser ético não precisa se tornar o "bonzinho" da turma. Por outro lado, também não é saudável nem inteligente ficar colecionando ressentimentos, mesmo que você tenha motivos para isso. Faça um esforço para conciliar as situações, evitando ser rancoroso ou criar problemas desnecessários.

- **Valorize as críticas**

Procure controlar-se ao receber críticas e sugestões. Muitas vezes, quem as faz é mais amigo do que aqueles que concordam com você o tempo todo. Saber como os outros nos percebem no ambiente oferece sempre um ângulo de visão diferente daquele pelo qual nos vemos. Quando bem utilizadas, essas observações são uma importante ferramenta para uma autoavaliação sincera e as consequentes melhoras no comportamento.

Estratégia 10
ELIMINE O STRESS

"É bom ter dinheiro e tudo que ele pode comprar; mas não se esqueça de verificar de vez em quando se você não está perdendo as coisas que o dinheiro não compra".

George Horace Latinier

Muitas vezes já percebi que os peixes daquele meu aquário costumam ficar nadando contra a correnteza que vem do aparelho de oxigenar a água. Já me disseram que é para limpar as escamas. Não tenho certeza disso. Penso que seja mesmo para se divertirem um pouco naquela rotineira vida entre quatro paredes de vidro. Não deve ser fácil ficar nadando o dia inteiro para lá e para cá... Nessa hora é que valorizo minha privilegiada condição de humano, que me oferece tantas possibilidades. Certo é que, tanto no aquário como na natureza, os animais desenvolvem outras atividades em meio às tarefas da sua sobrevivência, inclusive aquelas que tornam prazerosa e equilibrada sua existência no ambiente onde vivem. Eles dormem, espreguiçam-se, pulam, brincam, correm, nadam, tomam banho... Enfim, também se divertem, cuidam de si mesmos e interagem com seu bando ou até com outras espécies. Com certeza, sobreviver inclui isso também.

Tudo exatamente ao contrário do que a maioria de nós faz atualmente no mundo do trabalho. Na correria do dia-a-dia, presos nas filas ou no trânsito, angustiados na pressão por resultados, aceitando a sobrecarga de tarefas e funções, na crescente exigência de capacitação, enfrentando um ambiente concorrente, no medo de perder o lugar, no descontrole do tempo ou simplesmente no hábito de seguir os demais nesse ritmo louco da modernidade, muitos profissionais e empresas acabam entrando na contramão daquilo que manda a mãe natureza. Na verdade, correr demais é um grande engano porque, nesse clima competitivo, todos acabam perdendo. Ninguém chega na frente apenas trabalhando mais tempo ou mais rápido que os outros. Chegamos mais adiante pensando mais e melhor que os outros. O trabalho inteligente sempre oferece resultados eficientes e o trabalhador realmente preparado encontra recursos para resolver todos os problemas de forma equilibrada e com maior margem de acerto. Para tanto, o pré-requisito é que a mente esteja descansada e feliz. Pressionada por qualquer fator estressante, ela se vê limitada em suas funções vitais. Aliás, é bom lembrar aqui o lema corporativo da conhecida Amazon.com: *"Trabalhe bastante, divirta-se e faça acontecer"*.

Se existe algo que nós humanos nunca deveríamos perder é a clara visão de que também fazemos parte da natureza e que, como todas as demais espécies, devemos seguir as mesmas regras desse maravilhoso e lógico jogo da vida. Contrariá-las é entrar em desequilíbrio, e os problemas não se fazem esperar. Curiosamente, é o que vemos acontecer atualmente na vida de grande parte dos profissionais e organizações dentro do universo do trabalho como um todo. E os mais predispostos a esse desgaste são os que não conseguem relaxar, não admitem falhar e dão mais importância à carreira que aos outros aspectos da sua vida.

Daí que a última estratégia de sobrevivência que podemos tirar de tudo isso é apenas uma: *elimine o stress.* No caso, uma recomendação que vai dirigida à atividade laboral. Fácil de falar, difícil de fazer. Porém, isso significa apenas trabalhar com mais equilíbrio e prazer. É uma forma diferenciada e mais natural de encarar as tarefas profissionais. Não como esse peso que a maioria carrega a contragosto todos os dias, mas sim, como uma atividade motivadora e instrutiva, que deve fazer parte da nossa vida como todas as outras. E isso não diminui a produtividade nem os ganhos de ninguém. Pelo contrário, só contribui para aumentar a eficiência e as oportunidades de crescimento.

Essa, porém, não é uma mudança conceitual tão simples para muitas das pessoas. É preciso rever comportamentos que têm suas raízes em questões culturais muito antigas e arraigadas dentro de nós. Já diz um velho ditado: *"o uso do cachimbo põe a boca torta"*. Para o caso, é bom lembrar aqui aquele conhecido estigma bíblico que castigou o homem (e, por consequência, também a mulher) com o trabalho, por eles terem comido a tal maçã. Por extensão, fomos condenados todos a ter de "ganhar o pão com o suor do rosto". Bem, parece que se não fosse ousadia desse primeiro casal, certamente viveríamos todos na eterna folgança. Seríamos uma estranha exceção às leis da natureza, que determinam uma atividade ininterrupta para toda a vida no universo. Eu, em particular, sempre gostei de trabalhar. Infelizmente, parece que não é assim que a maioria entende. Daí que a visão de uma existência sem tarefas e sem problemas acabou tornando-se uma curiosa aspiração comum na nossa espécie. É como ouvi, certa vez, de um amigo possuidor de um grande senso de humor: "*Muita gente gostaria mesmo é que o mundo acabasse em barranco para morrer encostado*".

A isso se junta também o fato de que a própria palavra trabalho tem sua origem etimológica na forma latina "*tripalium*", instrumento de tortura usado na Roma antiga, formado por três estacas encravadas no chão, onde os escravos e prisioneiros eram amarrados para o suplício. Não é por acaso que as relações de produção desembocaram nesse mesmo rumo. Ao longo da história humana, diversas formas de violência, desde a coerção física até o assédio moral, sempre estiveram presentes na convivência entre empregadores e empregados, fato reforçado ainda hoje pela atitude arbitrária, exploradora e truculenta que muitos chefes adotam. Certo é que, com o passar dos anos, tem sido árdua a luta pela humanização do trabalho. Em todos os países foram criadas leis específicas para garantir os direitos, a segurança e a qualidade de vida dos trabalhadores. Muitos conceitos, comportamentos e regras mudaram. Ainda falta, porém, um longo caminho para que se alcance uma realidade ideal. O problema é que gerações e gerações foram educadas na visão dessas ideias antigas e estereotipadas. E tudo isso acabou fixando-se na alma de todos nós, o que torna muito mais difícil livrar-nos desses hábitos.

Assim é que trabalho acabou virando sinônimo de castigo, tortura e opressão. Por este motivo, acabamos reagindo tão negativamente a tudo o que contraria esse preconceito. No fundo, ainda sentimos o estalo do chicote e ficamos presos àquela injusta punição bíblica que parece não terminar nunca. E isso mais aumenta quanto mais nos vemos pressionados pelas obrigações que a atividade profissional demanda. Ficamos sempre na ilusória impressão de que fomos expulsos de algum paraíso, nem que seja daquele paraíso do final de semana. Daí que a volta ao trabalho na segunda-feira seja algo tão sofrido para a maioria dos trabalhadores.

Quem diria que, daquela lenda da maçã, viria grande parte dessa confusão e ainda a dose maior do *stress* que vivemos no mundo do trabalho? Curiosa situação, mas real também e causa de muitos dos problemas que diariamente se pode descobrir no comportamento dos trabalhadores. Qualquer dúvida, é só observar o azedume na fisionomia, a má vontade nas atitudes, a reação aos horários e ordens, o protesto silencioso ao fazer só o necessário, o desinteresse para aprender coisas novas, a criatividade mínima na execução das tarefas, a preguiça mental para resolver os problemas, a intolerância no relacionamento com os clientes, o olho no relógio no final da tarde, na ânsia de que os ponteiros andem mais rápido e o suplício termine logo. Nessa hora, na mente de muitos trabalhadores, vem sempre aquela ilusão recorrente de um dia, quem sabe, tirar a sorte grande na loteria e resgatar o paraíso perdido. Ah! Seria maravilhoso! Não precisar nunca mais trabalhar e passar o resto dos dias apenas desfrutando das coisas boas da vida... Bem, são fantasias que todos nós já experimentamos de uma forma ou de outra, não é mesmo?

O resultado de toda essa estória é que boa parte das pessoas trabalha não porque se sinta realizada com o que faz, mas simplesmente porque não tem outra saída. Precisa garimpar sua sobrevivência material. A maioria, no fundo, não quer estar ali, não gosta de trabalhar e, por isso, realiza mal suas tarefas diárias. Apesar disso, é sobre essa base insegura e contraditória que, nas últimas décadas, a era da informação vem-se instalando, com toda sua tecnologia avançada e sua velocidade características. E junto com ela trouxe uma enxurrada de mudanças radicais. Mas, ao que tudo indica, não estávamos preparados para tudo isso. Tanto assim que ainda não conseguimos acompanhar o ritmo acelerado das novas máquinas. E ainda prevalece em alguns a crença de que é possível fazer o trabalho de dez com todo esse suporte tecnológico. Pura ilusão! Em particular as novas gerações são as maiores candidatas ao título de "*workaholic*". Parece que já nasceram com o sobrenome *pontocom* e de *mouse* na mão. Estão perdendo a noção vital do que é dar um significado pessoal e maior à palavra trabalho.

Infelizmente, nos tempos atuais, não é mais o homem quem tem controlado as situações, mas as situações é que têm controlado o homem. Uma estranha inversão de poder. Na verdade, isso representa uma ausência fatal de autoliderança. Ao fugir do próprio controle, os fatos terminam por exercer uma gestão ditatorial sobre as pessoas, inibindo a vontade e criando uma decepcionante sensação de impotência. Isso dificulta qualquer planejamento, aumenta a ansiedade e o nível de *stress*. E nem adianta colocar a culpa nos demais, quando você mesmo entregou o governo da sua vida a fatores externos. Curiosamente, os maiores inimigos da própria felicidade não estão fora de nós. Estão dentro, localizados nesses preconceitos e crenças que carregamos na mente sem perceber sua influência negativa nos nossos comportamentos. São eles que também abrem as portas para que os problemas do ambiente entrem e completem o estrago.

Para piorar, a evolução tecnológica também favoreceu um consumismo exacerbado, ao baratear o custo de produção e disponibilizar uma enxurrada de produtos e serviços, principalmente na *Internet*. É outra tendência que gera *stress*, pela ansiedade que cria na busca da posse material. Hoje, compra-se de tudo na telinha e há sempre novos modismos surgindo em prazos cada vez mais curtos. Com certeza, aquele celular que você comprou há um ano agora já não serve mais e deve ser trocado por um novo modelo, que tem isso e mais aquilo e mais aquilo... Cada vez mais somos avaliados não por nossas ideias e valores, mas por tudo que podemos comprar e exibir. E em prol desse padrão de vida "ideal", as pessoas estão trabalhando cada vez mais e mais horas, com a consequente queda na sua qualidade de vida.

Para muitos profissionais, toda essa demanda vai chegando a ficar quase que insuportável. Daí que, além do fumo, do álcool e das drogas, eles incluem na lista atual os ansiolíticos e os medicamentos para dormir. E isso sempre tem seus riscos. O uso prolongado ou aumentado desses recursos artificiais pode trazer problemas maiores que a própria ansiedade e insônia. Pesquisas recentes da *E-pharma*, empresa especializada em gestão de benefícios da saúde, mostram que um dentre cinco executivos brasileiros consome mais remédios contra depressão e ansiedade do que medicamentos para o tratamento de doenças crônicas, como hipertensão, colesterol alto ou diabetes. São números muito preocupantes e revelam que o *stress* no trabalho pode estar comprometendo a saúde emocional de muitos trabalhadores. Os que mais sofrem são os mais graduados na hierarquia das corporações, por suportarem maiores níveis de exigência e pressão. Ao lado disso, outros dados mostram que 96% dos executivos brasileiros comem mal, 44% se exercitam pouco e 43% estão além do limite recomendável de peso. E a faixa etária onde se concentra toda essa situação é dos 30 aos 50 anos de idade.

E essa é uma situação que se repete no resto do mundo. A questão é que particularmente os profissionais nas áreas de chefia têm de assumir um estereótipo de fortaleza e invulnerabilidade, à custa da saúde, dos relacionamentos familiares e da vida pessoal. E, por sua própria natureza, as mulheres são mais vulneráveis, até porque nos últimos cinquenta anos elas têm assumido uma considerável participação no mercado de trabalho. É um preço muito alto para esse sucesso a qualquer custo que muitos pretendem. Com certeza, boa parte das pessoas está perdendo a noção desse equilíbrio vital que a vida nos ensina todos os dias e de diversas maneiras. O sinal vermelho está aceso, mas há quem continue nessa louca corrida rumo ao... Muitos nem sabem mais onde realmente querem chegar.

Esse é um problema que já preocupa as corporações, pois acaba gerando prejuízos. Em um ambiente tão competitivo como o atual, para obter melhores resultados, as empresas enxugaram suas estruturas, investiram em tecnologia e melhoraram a produtividade. Agora, executivos de finanças e recursos humanos passaram a examinar as despesas de saúde com mais rigor. Há uma estatística das seguradoras de saúde e previdência mostrando que 20% dos empregados de uma organização consomem 80% do orçamento para a saúde. Nesse grupo estão justamente os que fumam e os obesos, ambos mais propensos a desenvolver doenças crônicas, cardíacas e pulmonares. Daqui para frente, isso deve ter consequência também nos critérios de seleção para candidatos acima do peso e fumantes contumazes. Calcula-se que, em dez anos, o Brasil possa chegar aos níveis americanos de obesidade, o que terá impactos enormes na produtividade e nos custos da saúde das empresas. Em 2009, três em cada dez americanos adultos eram considerados obesos. No Brasil, atualmente, um em cada dez adultos já está acima do peso. Motivos não faltam para que os profissionais repensem seu comportamento com relação à qualidade de vida no trabalho.

Na verdade, o problema todo está nesse modelo mental antigo e errado que acabamos adotando, o que só gera estresse, perda da saúde, de tempo e gastos inúteis. Ele deve ser trocado por outro, mais simples, mais lógico e em sintonia com as leis da natureza. É uma mudança que não pode mais ser adiada e altamente necessária para a normalidade da vida no mundo do trabalho. Só um detalhe: tem de ser realizada individualmente, ou seja, cada um tem de fazer isso em si mesmo. Mudanças conceituais verdadeiras não têm efeito duradouro e prático quando são realizadas de fora para dentro e de forma coletiva. Gente não é gado, embora muitos pensem o contrário. E a história mostra o que aconteceu quando se buscou transformações sociais por esse caminho. Por isso, a abordagem da mudança planejada pelas organizações no sentido de melhorar a saúde dos seus empregados não pode mais ter um caráter normativo ou intimidador. Deve ser motivador, humanizado, amplo, inteligente e isento de pressões. Precisa fomentar a importância e os meios efetivos para esse maior cuidado que cada profissional deve ter consigo mesmo.

Portanto, a tarefa principal de eliminar o *stress* e cuidar da sua qualidade de vida no trabalho está muito mais em suas mãos do que em fatores externos a você. Não se pode delegar essa missão vital, nem ficar sempre cobrando da empresa ou culpando alguém pelas nossas dificuldades. Qualquer dúvida, cada um é livre para mudar de posição no mercado, buscando uma situação que favoreça seus planos e sua felicidade. E não é o caso também de criar nenhum padrão de comportamento. Todo profissional deve aprender a conhecer sua própria medida e seus limites. Equilíbrio é a palavra-chave para tudo isso, e há sempre maneiras de alcançá-lo no nosso dia-a-dia. A gestão inteligente do tempo envolve mais do que simplesmente o cumprimento de uma agenda profissional. Um dia de trabalho deve ser intercalado com outras atividades. Mesmo adaptados à realidade de cada um, esses intervalos equilibram a vida, eliminam o risco de *stress* e também garantem um melhor desempenho do profissional e da organização como um todo. Para facilitar, aqui vão algumas diretrizes básicas que podem ajudá-lo nessa tarefa:

MELHORE SUA QUALIDADE DE VIDA

- **O importante é você**

Faça da profissão um meio e não um fim. Procure relacionar-se mais e melhor consigo mesmo, cuidando do seu equilíbrio interno e externo.

• **Trabalhe apenas o necessário**

Salvo situações realmente excepcionais, limite suas atividades profissionais às oito horas diárias. Assim já está de bom tamanho. E melhor ainda se puder reduzir este horário sem prejudicar sua produtividade, sempre direcionando a sobra de tempo para as outras áreas de sua vida, que, com certeza, vão agradecer.

• **Fuja da rotina**

Rotina é sempre algo corrosivo e fonte de *stress*. Procure afastar-se dela de forma criativa, introduzindo mudanças inteligentes no conteúdo e na forma de fazer as coisas no seu dia-a-dia.

• **Planeje seu dia**

Faça um planejamento seletivo das suas atividades diárias. Distribua equilibradamente as coisas e agende tempo para todas as áreas da sua vida, inclusive para você.

• **Busque seu horário mais produtivo**

Cada pessoa é diferente das outras, até mesmo no seu biotipo. Procure, então, fazer o mais difícil das suas atividades no seu período mais energético do dia. O resultado é, com certeza, mais produtivo.

• **Crie intervalos de descanso**

Intercale momentos de descanso entre as suas horas de trabalho. O recomendado pelos especialistas são 10 minutos para cada hora de atividade. Levante, tome um copo de água, faça um alongamento, interaja com os colegas e coisas assim. É um recurso simples e leva muito pouco tempo para o benefício que você pode colher em sua saúde e qualidade de vida.

• **Durma o necessário**

A recomendação de saúde é que você durma regularmente de 6 a 8 horas por dia. É o necessário para estar preparado e disposto em um novo dia de atividades. Mais que isso também é prejudicial.

• **Exercite-se mais**

Faça exercícios físicos orientados por profissional especializado. Além de ser um autodesafio inteligente, a prática de qualquer ginástica ou de esportes diversos promove um desligamento das preocupações profissionais e regula o metabolismo, aumentando sua disposição e sua lucidez para resolver os problemas no trabalho.

• **Faça revisões médicas**

Prevenir é sempre melhor que remediar. Daí, programe revisões médicas periódicas (pelo menos uma vez ao ano) para saber como anda a sua saúde.

• **Alimente-se bem**

Tenha uma alimentação saudável, nutritiva e balanceada. Lembre-se de que o prato mais saudável é também o mais colorido e na medida certa. Outra recomendação dos profissionais especializados é intercalar lanches leves entre as refeições principais, ou seja alimentar-se de 3 em 3 horas. Isso ajuda a comer menos e melhor.

• **Descanse e tire férias**

Destine pelo menos um dia da semana para descanso e lazer. Se possível, procure tirar mais de um período de férias por ano, dividindo os 30 dias tradicionais em prazos menores. Vai ser interessante para você e pode ser também para a empresa onde trabalha, já que não ficará afastado tanto tempo das suas tarefas.

• **Busque outras atividades**

Além das atividades físicas, busque atividades paralelas no seu quotidiano, tais como dança, teatro, canto coral, música, pintura, modelagem e outras. Elas podem ter resultados poderosos sobre o *stress*, pelo efeito lúdico e educativo, a variação inteligente da rotina, a criação de novos relacionamentos e o natural relaxamento que propiciam em quem as realiza.

A grande conclusão é que, nos tempos atuais, pessoas e organizações têm de estar mais preparadas para os desafios do futuro, um futuro que chegou rápido demais, que não espera e que está exigindo de todos nós um contínuo repensar e aprender novos comportamentos. E isso deve vir de cima para baixo, ou seja, nas organizações o exemplo deve começar pelas lideranças. Afinal, o corpo sempre segue a cabeça, não é mesmo? Por isso a sagacidade de Jack Welch, ex-diretor da GM, utilizava uma técnica infalível na sua gestão: sempre escolhia pessoas mais capazes que ele para dirigir cada área importante da poderosa corporação que comandava. Ele sabia delegar e, com isso, economizava tempo e outros recursos. Tinha assim ao seu dispor especialistas competentes, podendo, então, exercer sua real função de líder com mais equilíbrio, segurança e maior margem de sucesso nas decisões.

Seguindo esta linha, as chefias de hoje devem transformar-se em facilitadoras dos processos de mudança. Devem aprender a construir pontes, e não muros, como faziam no passado. É tudo uma questão de visão e comunicação eficiente no trabalho de equipe. Daí que seja desses líderes a responsabilidade pela criação e melhoria do clima e da qualidade de vida nas organizações. Tudo depende das regras do jogo estabelecidas com a turma e também da harmonia e integração entre as diversas áreas da corporação. De nada adianta um dos setores atuando isoladamente se os demais não acompanham e terminam interferindo nos resultados. Tudo isso representa os valores adotados e a consequente cultura que deve orientar depois as ações das pessoas. E não bastam simples palavras, regras, cartazes e manuais. Isso não cria a motivação necessária para a mudança. As pessoas precisam de modelos, não perfeitos, mas reais, quando se trata de trocar de atitude e transformar uma realidade tão antiga e arraigada. Por isso o mais importante é o exemplo que as lideranças devem dar, para inspirar os demais em atitudes que mostrem um diferencial nos conceitos básicos e na ação inteligente. A iniciativa dificilmente vai partir dos colaboradores. Eles sempre esperam as indicações de quem está à frente, como uma orquestra espera o sinal do maestro para começar. Quando essas indicações não acontecem ou são fragmentadas, a coisa continua como está, embora todos reclamem.

Em meio desse ainda confuso panorama de mudanças na atualidade, pessoas e organizações precisam rever sua visão do trabalho e buscar uma atuação mais equilibrada na gestão do tempo. A atividade profissional deve aumentar seu conteúdo humano, deve ser agora mais mental do que braçal, até porque o trabalhador do futuro não continuará a ser chamado de "mão-de-obra". Talvez "cabeça-de-obra" seja mais adequado. Hoje, mais do que nunca, os profissionais devem ser capacitados para pensar e resolver problemas, motivados para ajudar a empresa a criar e inovar, educados para viver enquanto trabalham, e não apenas trabalhar para viver.

Veja abaixo algumas indicações dessa atuação melhor que em particular os líderes devem sempre mostrar nesses novos tempos:

O EXEMPLO DAS LIDERANÇAS

- **Melhore o clima**

As chefias devem sempre criar um clima saudável, ético e motivador no trabalho. É responsabilidade delas, e os demais seguirão esse exemplo. Daí a necessidade de maior preparo, melhor exemplo e mais equilíbrio nas áreas da liderança. Afinal, comportamento gera comportamento.

• **Comunique-se**

Ouça muito e fale melhor quando quiser obter resultados significativos no trabalho em equipe. Melhorando a comunicação, tudo o mais acontece como consequência positiva nas relações, na motivação da equipe e nos trabalhos realizados.

• **Abra perspectivas para todos**

Independente da meritocracia, ou seja, de dar a cada um aquilo que ele merece segundo sua atuação profissional, a liderança deve procurar criar oportunidades de capacitação e crescimento para todos os membros da equipe. Isso sempre motiva, reforçando a sensação de confiança mútua e segurança de que todos precisam.

• **Dê constante *feedback***

Um líder deve se tornar um verdadeiro técnico em ouvir e dar *feedback*, ou seja, em oferecer esse retorno inteligente às informações recebidas, questionamentos e comportamentos das pessoas. Isso é o que faz acontecer o grande jogo da comunicação em equipe. Comunicar-se bem é perceber as necessidades das pessoas e atuar sobre elas.

• **Tenha cuidado nas avaliações e correções**

É sempre uma tarefa difícil trabalhar sobre os erros dos outros. Em equipe, isso é responsabilidade da liderança, tanto pela posição hierárquica como pela experiência para lidar com essas situações. Correções e avaliações devem ser feitas com discrição e cuidado para evitar conflitos, não aumentar ainda mais os problemas e também motivar as pessoas a superar suas dificuldades.

• **Valorize o positivo**

O líder deve ter o hábito inteligente de valorizar todas as iniciativas, acertos e resultados nas atividades desenvolvidas. Geralmente prestamos mais atenção aos erros e limitações que às qualidades e comportamentos positivos das pessoas. Em se falando de motivação, a maior demanda dos trabalhadores é pela valorização dos acertos e do bom trabalho realizado.

• Faça reuniões produtivas

Reunião é uma atividade que só é boa quando bem planejada, e seu sucesso depende diretamente da liderança. Tem sempre um antes, um durante e um depois. O segredo é não exagerar na quantidade de reuniões e preparar tudo com antecedência, inclusive os profissionais envolvidos, para que vivam da melhor forma possível esses três tempos da reunião e evitem os problemas mais comuns nesses encontros. Quando bem conduzidas, as reuniões economizam recursos, amadurecem as pessoas, integram a equipe e produzem muitos benefícios para a organização.

• Seja criativo na atuação

Quando se usam sempre os mesmos recursos para desenvolver atividades e trabalhar com as pessoas, a rotina se espalha como uma epidemia no ambiente corporativo. Recursos utilizados repetidamente são previsíveis e perdem seu efeito didático. Daí a importância da criatividade, que significa, em síntese, uma renovação inteligente e motivadora das técnicas utilizadas pela liderança na sua gestão.

• Ouça a razão dos demais

Ninguém tem sempre toda a razão sobre qualquer questão. Daí que, no geral, razão deve ser sempre uma soma de razões. Por isso é importante ouvir também o que as outras pessoas pensam e têm a dizer, particularmente sobre assuntos difíceis e decisões importantes que devem ser tomadas. Isso sempre ajuda a evitar erros e melhora as relações em equipe.

• Compartilhe o sucesso

Toda vez que um sucesso é alcançado em equipe, é hora de compartilhar e comemorar essa vitória com todos. O conjunto necessita disso também. Essa vivência coletiva motiva e ajuda a manter forte a noção da capacidade desse conjunto de pessoas que trabalha e alcança resultados de forma interdependente.

- **Avalie suas atuações**

Avaliação é o prato do dia no atual mercado. Pessoas, empresas, situações, produtos e serviços estão sempre sendo avaliados, principalmente pelos consumidores. O líder deve acostumar sua equipe a esse exercício comportamental e dar um exemplo instrutivo, começando por uma autoavaliação constante de suas atuações.

Outro reforço para esse estresse coletivo que acontece dentro das organizações surge como consequência do despreparo, do mau planejamento e de problemas nas relações interpessoais. Aprimorar o ambiente de trabalho significa também modernizar a gestão, reduzir a burocracia e os papéis, melhorar as estruturas, as tecnologias e a qualidade de vida dos colaboradores, diminuindo os riscos de acidentes, os impactos da competitividade interna e os conflitos entre as pessoas.

Consequência desses novos tempos, hoje há também uma grande necessidade de segurança no emprego. Antes, as pessoas eram admitidas em uma empresa e, realizando bem suas tarefas, cresciam e permaneciam lá até se aposentarem. Tirando os excessos do acomodamento, isso se transformava em uma relação de longo prazo com a organização. Além disso, há cerca de meio século atrás, era certamente mais simples encontrar uma colocação no mercado formal. As exigências e a competitividade eram muito menores. Eu era um menino nesse tempo e me recordo bem que a grande maioria dos homens tinha um emprego e continuava nele por muitos anos. Poucos ficavam fora dessa duradoura realidade. Isso criava também um clima geral de segurança e estabilidade, até porque, pelo código civil da época, os homens eram os chefes da casa e os responsáveis pelo sustento familiar. As mulheres geralmente se concentravam nas tarefas domésticas e no cuidado com os filhos, o que só enfatizava a sensação geral de equilíbrio. Isso não significa uma situação ideal, mas a estrutura social era outra e a vida corria mais simples, mais tranquila, como menos demandas, com menos *stress*. Aliás, nem se conhecia essa palavra naquela época. Sem nenhum saudosismo, tudo isso me lembra aquela conhecida frase de uma música do compositor Ataulfo Alves: *"Eu era feliz e não sabia"*.

O que antes era relativamente simples transformou-se agora em uma verdadeira aventura num terreno árido, particularmente para os despreparados, os acomodados, os rotineiros e em especial para os que não sabem distinguir os sinais enviados pelos fatos que vão marcando todas essas transformações inusitadas. Empregos, até que há muitos no momento. Atualmente, estamos em um típico mercado em oferta, como há muitos anos não se via no Brasil. O que falta mesmo é gente devidamente preparada para ocupar as vagas oferecidas. E isso não se resolve facilmente, mas não podemos demorar demais. Hoje em dia, tudo acontece numa velocidade eletrônica. É preciso, então, gerar infraestrutura adequada em muitas áreas, melhores condições de ensino e capacitação mais a tom com as atuais necessidades perspectivas.

Mesmo assim, nesse cenário instável e mutante, quando um profissional é contratado, já não sabe mais quanto tempo permanecerá no emprego. Estabilidade virou privilégio das estatais, gerando essa enorme demanda para o funil dos concursos públicos. E isso não é uma situação localizada nem para por aqui. No mundo inteiro as regras do jogo estão mudando rapidamente. Isso tudo termina afetando o clima organizacional, a motivação e a autoestima das pessoas. Daí que, em muitos setores, constata-se o desaparecimento de alguns valores essenciais e aquele compromisso profissional de antes parece agora não mais existir em muitas situações. Por tudo isso, é essencial que as lideranças locais tomem a frente nessa missão de humanizar as relações e criar um melhor ambiente nas organizações. O conhecido produtor Dante Falcone corrobora isso ao afirmar: *"Tecnologia você pode criar, mandar comprar ou fazer uma associação com alguém. Mas eu jamais esqueço que essa tecnologia é produzida por pessoas e elas precisam estar motivadas e preparadas"*.

A questão do *stress* no trabalho não é algo tão simples assim de encaminhar. Ela nos afeta individualmente, mas também se apresenta nessa forma coletiva envolvente, doentia e perigosa que a sociedade moderna enfrenta. E nas ultimas décadas, com a comunicação em tempo real, temos o agravante de o *stress* tornar-se global. Mesmo sem querer ou entender, terminamos todos afetados pelas notícias ruins, problemas e crises, onde quer que eles ocorram. As informações giram rapidamente, muito se debate, a mídia explora as "novidades", ensaiam-se planos e medidas, mas poucas soluções acontecem no mundo real. O comportamento geral continua tendente à desorientação, medo, alarde, acusações mútuas e cobranças. Porém, o efeito negativo de tudo isso se acumula nessa carga de desmotivação que todos parecem levar às costas diariamente. É claro que tudo esse *stress* também tem seus reflexos no clima e nas relações no universo laboral. As pessoas já vão para suas tarefas profissionais com essa pressão a mais. Por isso, embora tenhamos desenvolvido inúmeros recursos para resolver questões técnicas, as questões comporta-mentais e de relacionamento no trabalho ainda permanecem como um paradigma quase imutável. Os problemas de ontem continuam os problemas de hoje, situação agravada aí pela presença de três fatores já conhecidos: dinheiro, poder e diferenças pessoais.

O dinheiro, para a grande maioria, é o objetivo maior da vida profissional, e esta visão distorcida dá margem a muitos interesses divergentes, competitividade, falta de ética, invejas, ambições, etc. O verdadeiro poder deveria sempre manter-se na área do conhecimento e das competências. Equivocadamente encarado como domínio, ele termina como causa de um confronto histórico nas empresas, envolvendo dois tipos de personagem: chefes X subordinados. Com os chefes fica a centralização do mando, o monopólio das ideias e decisões, a visão dos empregados como custos, as pressões para garantir resultados, a postura de intimidação, a atuação pouco motivadora. Com os subordinados fica a dependência, a aceitação passiva das regras, a postura de não pensar, a pouca responsabilidade, o automatismo nas atitudes, a baixa motivação, a criatividade mínima, o eterno descontentamento. Embora estas posições mostrem uma curiosa interdependência, ambas estão equivocadas e só criam dificuldades. Já as diferenças pessoais dizem respeito à forma particular como cada um se conduz nos locais de trabalho. Isso costuma gerar atuações de intolerância mútua, pois muitos não aceitam a diversidade e gostariam que os demais se movessem pelos seus padrões. Confusão na certa!

Dinheiro, poder e diferenças pessoais não são coisas negativas. Pelo contrário, encarados de forma equilibrada, são elementos fundamentais nos processos dentro das organizações. A questão é saber como lidar com estes três fatores, mas a maioria de nós não foi preparada para isso. Por isso os preconceitos e distorções atravessaram o tempo sem muitas mudanças. Historicamente, sempre fomos formados para ser apenas profissionais, e não seres humanos. Por isso, além das competências técnicas, hoje é preciso pôr em jogo também as competências humanas, o que não significa apenas a postura ingênua de ser mais bonzinho. É preciso utilizar técnicas inteligentes e eficazes para interferir positivamente no nosso dia-a-dia e no ambiente de trabalho, criando esse clima ético, saudável e motivador que todos apreciam.

Podemos ver assim que os motivos produtores de *stress* se originam de diversas fontes como os afluentes um rio e fluem em uma só direção: você. Por isso, em que pesem todos esses fatores contrários, o certo é que os cuidados para eliminar este desgaste negativo dependem, acima de tudo, da atuação individual. Ela continua a ser soberana em tudo na vida e em particular no atual mercado. Não dá para ficar apenas reclamando de tudo e colocar a responsabilidade desse equilíbrio vital em outras pessoas ou motivos externos. No fundo, isso é como comer melancia. E nada como sentir o delicioso sabor de uma melancia docinha não é mesmo? O problema são os caroços. Parece que eles foram colocados ali só para atrapalhar. Mas, devemos pensar que se não fossem os caroços não existiria a melancia. Da mesma forma esses caroços representam as tantas dificuldades que devemos enfrentar na vida e no dia-a-dia para alcançar aquilo que realmente tem valor e a felicidade que nasce daí. As cosas muito fáceis carecem desse significado essencial e terminam, mais cedo ou mais tarde no vazio. Daí, o melhor a fazer é experimentar o doce da melancia e cuspir fora os caroços, ou seja, desfrutar das nossas conquistas e ir superando com inteligência os inconvenientes.

Na verdade, é tudo uma questão de ser preventivo e de saber caminhar para o lado certo. Assim, a cada passo que der no seu dia-a-dia, tente aproximar-se sempre um pouco mais dos sonhos que vão fazer você feliz e também afastar-se daquelas coisas que poderão se transformar em seus pesadelos amanhã. Isso não é tarefa fácil, pois implica lidar com aspectos do comportamento que dependem de uma compreensão mais ampla, da decisão individual e de saber implementar mudanças na própria vida. Mas, com certeza, vale a pena ter isso como objetivo e tentar com firmeza.

Por onde começar? Comece cuidando melhor de você, do que come, do que bebe, do que lê, do que assiste nas telinhas do mundo, de como utiliza seu tempo livre, de como se relaciona com as pessoas e os fatos do quotidiano. E não se esqueça também daquelas horas de sono que você necessita para estar bem no dia seguinte. Cada um tem sua medida e muitos estão perdendo a noção básica desse equilíbrio. Lembre-se que criatividade e frescor mental só são conseguidos com um descanso adequado. E, atualmente, as corporações já estão mais atentas para a importância de manter esse equilíbrio vital entre tempo de trabalho e o tempo livre. Algumas implantam programas de qualidade de vida que, entre outros aspectos, estimulam os funcionários a não dar expedientes que invadam a noite. O ideal é trabalhar apenas oito horas por dia, ter tempo para as refeições e gastar, na academia de ginástica ou no lazer, o horário que antes era empregado em serões noturnos, hoje sinônimo de ineficiência.

Como diz um artigo do principal jornal econômico dos Estados Unidos, *The Wall Street Journal*, atualmente dormir 8 horas passou a ser um símbolo de *status*, tanto quanto os ternos Armani ou os relógios Rolex President o foram na década passada. O verdadeiro poder, nos dias atuais, acabou transformando-se na habilidade de resistir à pressão dos fatores adversos, de reagir positivamente aos imprevistos e problemas, de manter o bom humor, de ter o controle inteligente sobre a própria vida: seu tempo, sua saúde, seu dinheiro, seus relacionamentos, seu futuro.

Em particular no ambiente de trabalho, há coisas simples que só dependem de cada um e que podem mudar muito as perspectivas gerais, o desenvolvimento das atividades e o clima na sua empresa. A soma dessas atitudes individuais é que produzem o resultado positivo no coletivo. E isso fica sempre por conta dos profissionais mais equilibrados, dos competentes, dos inovadores, dos motivados e daqueles focados permanentemente na qualidade. Eles encaram isso como uma missão definida, mostram aquele brilho nos olhos e não se intimidam nem se estressam com os possíveis obstáculos. Se você quer ser um desses, comece perguntando-se todas as manhãs o que pode fazer para que seu dia seja melhor do que foi ontem. Daí, capriche no uso das quatro expressões mágicas do relacionamento: "Bom dia!", "Obrigado", "Por favor" e "Desculpe". Só isso já provoca mudanças surpreendentes no quotidiano de todos. Uma atitude nova termina criando invariavelmente um resultado novo. Dê o exemplo e verá o que acontece. O primeiro beneficiado certamente vai ser você. Como afirma o criativo sociólogo italiano Domenico De Masi: *"As empresas que têm mais êxito são as empresas com funcionários felizes, pois, onde as pessoas são mais felizes, são mais criativas e, portanto, mais eficazes"*.

Por isso a responsabilidade é de cada um e de todos como conjunto. Ninguém está isento de participar do grande esforço para eliminar esse desgaste inútil de energia nas atividades do trabalho. Muito disso está simplesmente em não complicar as coisas para você e para as outras pessoas, o que se pode fazer melhorando os processos de trabalho e também sendo mais cuidadoso nas relações com chefias, colegas, fornecedores e clientes.

Veja abaixo algumas atitudes que você pode ter para melhorar suas relações e interferir positivamente no seu ambiente, reduzindo o nível de *stress* por lá. Nada que exija grandes esforços, mas que sempre alcança grandes resultados:

MELHORE AS RELAÇÕES NO TRABALHO

- **Respeite as diferenças**

Em um mundo com uma diversidade tão grande de ideias, capacidades, preferências e comportamentos, você deve aprender a reconhecer, compreender e respeitar essas diferenças de cada pessoa. Está exatamente aí um dos fortes motivos para o sucesso no trabalho de uma equipe.

- **Faça-se respeitar**

Respeito não se impõe, se inspira. E só existe uma maneira de fazer isso: com atitudes positivas. Isso é reconhecer que, assim como você, cada um tem seu espaço, valores e perspectivas. Seja amplo e compreensivo com a realidade dos demais e aprenda a reconhecer os limites da sua atuação no conjunto.

• **Seja solidário**

Mesmo que você esteja muito ocupado, é sempre simpático manter uma postura atenta, e colaboradora nas relações profissionais. Procure interessar-se sinceramente pelos problemas das outras pessoas, mesmo que seja só para dar apoio. Isso vale para colegas, superiores e clientes. Você sempre se torna bem sucedido ajudando os outros a se tornarem bem sucedidos.

• **Seja discreto**

Em um ambiente coletivo como o de trabalho, tome cuidado ao ouvir, ver e falar sobre a vida e assuntos particulares seus ou das outras pessoas. Isso significa ser discreto, ou seja, cada um deve cuidar de não expandir demais os seus limites, nem entrar nos limites dos demais de forma incorreta.

• **Evite o negativo**

O ambiente de trabalho é o resultado do que as pessoas levam para ele. Então, deixe o lixo lá fora. Evite levar críticas, posições partidárias, reações, discussões, notícias ruins ou conversas negativas. Aprenda a interferir positivamente e criar um bom clima para que outros também façam o mesmo.

• **Atue com motivação e bom humor**

Só porque alguém está sempre sorrindo, não quer dizer que não esteja trabalhando com seriedade. Pelo contrário, unida à competência técnica, a competência humana de estar bem consigo mesmo e os demais facilita as relações e ajuda a resolver os problemas do dia-a-dia com maior margem de acerto. Pessoas inteligentemente motivadas, com humor em alta sempre conseguem atuar como um antistress no ambiente.

• **Destaque o positivo**

Observe atentamente as pessoas que compõem seu local de trabalho. Mas não se prenda ao negativo. Procure sempre colocar em destaque não os defeitos, mas as qualidades de todos. Isso tem sempre um efeito positivo nas relações e no clima do lugar.

• Observe as pequenas atenções

Mais do que grandes e raras atitudes, as pequenas atenções do dia-a-dia fazem a grande diferença e contribuem para que as pessoas sintam-se valorizadas e queridas.

• Cuidado com o que fala

Palavras grosseiras, brincadeiras inconvenientes, apelidos e piadas picantes nem sempre são bem vindas. Fique atento e observe quando, onde e com quem você pode utilizar esses recursos de valor duvidoso.

• Não exija demais

Em se falando de comportamentos, nem sempre é inteligente ficar querendo mais do que as pessoas podem oferecer. Muitas vezes, isso só agrava os problemas. Melhor ser mais bondoso e compreensivo, contentando-se com menos e valorizando aquilo de positivo que cada um tem. Se quer exigir mais, comece dando o exemplo e faça isso com você mesmo. Se quer mudanças, ajude a criá-las. É mais prático, viável e construtivo.

A ATITUDE DA SOBREVIVÊNCIA

"Errei mais de 900 arremessos na minha carreira.
Perdi quase 300 jogos. Em 26 ocasiões
acreditaram que eu ganharia o jogo no
arremesso decisivo... e errei.
Fracassei, fracassei e fracassei na minha vida.
É por isso que eu sou um vencedor".

Michael Jordan

Há muitos anos atrás, tive um amigo que era fotógrafo. Era bom no seu trabalho e tinha uma clientela fiel. Pelas necessidades do mercado, resolveu fazer um curso de aperfeiçoamento em Paris. Terminou ficando por lá cerca de cinco anos. Quando voltou, seus clientes haviam desaparecido. Tinha que recomeçar quase que da estaca zero. Além de fazer novos contatos, resolveu então resgatar os antigos consumidores. Para isso teve uma ideia bastante original que terminou enviando para todos. Foi até o Mercado Central de Belo Horizonte, lugar típico da cidade, onde se concentra uma interessante amostragem de mil produtos. Lá, frente a uma daquelas bancas com belas frutas e legumes, montou sua câmera em um tripé, cuidou da iluminação e, nesse cenário colorido e movimentado, tirou fotos de si mesmo em poses divertidas. Escolheu uma das melhores imagens e com ela produziu um postal com uma mensagem bem humorada escrita abaixo: *"Ainda estou no mercado!"* Desnecessário dizer que teve sucesso em sua empreitada.

A vida é uma realidade que sempre deve inspirar respeito em qualquer de suas manifestações. Cuidar, proteger e ampliar constantemente as possibilidades dessa vida é um dever iniludível de todo ser humano e também base da existência de nossa espécie nesse planeta. Afinal, todos nós estamos inseridos nessa cadeia de vida. E não é porque é vida profissional ou empresarial que seja diferente. Nada mais digno de admiração e respeito que o percurso vitorioso de uma carreira ou de um negócio. São empreendimentos que juntam visão com ação. São histórias de esforço, criatividade, competência e prazer. São caminhos onde se conhece obstáculos, lutas e fracassos, mas que sempre terminam na conquista de algo importante para aqueles que sabem querer verdadeiramente com o coração. Enfim, são expressões de vida que, como qualquer outra, também mostram inteligência e beleza. E essa é a verdadeira atitude da sobrevivência. Meu amigo fotógrafo está aí como exemplo. A boa atuação de qualquer trabalhador e organização é sempre sua garantia de sucesso e de permanência no universo do trabalho. E o que melhor sintetiza essa atitude da sobrevivência é o consequente crescimento daqueles que permanecem na luta, mostrando um esforço repetitivo, um aperfeiçoamento constante nas ações e comportamentos, uma evolução nos produtos e serviços, uma construção contínua nos valores e no progresso que criam. Isso é o que agrada os consumidores e garante a continuidade da existência dentro desse exigente e competitivo mercado de agora. Tudo está em criar metas e insistir sempre. Daí que, com certeza, pode-se dizer que sucesso é uma questão de não desistir, e fracasso é uma questão de desistir cedo demais.

Todo homem é uma criatura da época em que vive. Mas muito poucos são capazes de ir além do seu tempo. E esses são os destinados a alcançar o sucesso e trazer o futuro para o presente. Isso porque são eles os que avançam para além dos recordes anteriores, acrescentando inovações vitais em todas as áreas. O verdadeiro progresso nasce daí. Para tanto, é preciso aprender com humildade tudo aquilo que pode ser importante ao objetivo que se busca. A forma de aprendizagem é tão importante quanto o que deve ser aprendido. É essencial também adotar uma paciência inteligente, aquela que tem foco e não reduz o esforço enquanto espera, não pretendendo o pódio de imediato. Daí, podemos perceber que a vitória não está no final, mas em todas as alternativas do percurso, nas pequenas conquistas do dia-a-dia. É nesse campo de lutas que devemos aprender a dominar os receios, tomar as decisões acertadas, encarar com maturidade os fracassos e vencer os obstáculos que sempre aparecem no caminho.

Sobreviver não é uma tarefa fácil. Nunca foi. Particularmente agora, nesse mundo que se tem tornado, em muitas situações e lugares, um campo de lutas agressivo, injusto e decepcionante por conta dos nossos próprios erros. Mesmo assim, e até por isso mesmo, sobreviver continua a ser uma tarefa de todos os dias, de sempre. Por isso mesmo tem de ser realizada com toda dignidade possível, com leveza, com vontade de acertar e de ser feliz, com humor, com amor e com coragem para ultrapassar os obstáculos que se oponham ao nosso caminhar. Não vejo outra maneira de fazer isso, e foi o que tentei conseguir nessas seis décadas de minha vida, apesar de todas as alternativas boas e más pelas quais passei. Sobreviver aí passa a significar também permanecer além da vida. Talvez por isso eu tenha querido tanto deixar para outros a experiência e as mensagens que coloco nessas páginas.

E, como uma despedida, ninguém melhor para falar a respeito de sobrevivência e permanência que o carismático empresário Steve Jobs, em seu famoso discurso para os formandos de 2005, da Universidade de Stanford, USA: *"Estou convencido de que a única coisa que me fez seguir adiante foi amar o que eu faço. Você tem de encontrar aquilo que ama. Isso vale para o trabalho tanto quanto para as pessoas. Seu trabalho preencherá grande parte de sua vida e o único jeito de estar verdadeiramente satisfeito é fazer o que você acredita ser um excelente trabalho. E um excelente trabalho só nasce do amor pelo que se faz. Se você ainda não o encontrou continue procurando. Não sossegue. Como tudo do coração, você saberá quando encontrar. Como todo grande relacionamento só melhora com o passar dos anos. Então continue procurando e não se acomode".*